発達障害の子の立ち直り力

「レジリエンス」を育てる本

[監修]
藤野 博
東京学芸大学
教職大学院教授

日戸由刈
相模女子大学人間社会学部
人間心理学科教授

健康ライブラリー
スペシャル
講談社

まえがき

「レジリエンス」という概念が、精神医学や心理学の分野で注目されています。この言葉は立ち直る力、精神的回復力、弾力性などと訳されています。現代は立ち直りの力がこれまでになく求められている時代なのかもしれません。

レジリエンスは、心の「強さ」というより「しなやかさ」というべきもの。なにがあってもびくともしないタフさではなく、つらい経験をしてへこんだり、落ちこんだりしても、気持ちを立て直せることにポイントがあります。

社会生活には「折り合い」が大切ですが、ソーシャルスキルが他人と折り合える力だとすれば、レジリエンスは自分と折り合える力といえるでしょう。レジリエンスは自尊感情に近いのですが、同じものではありません。自尊感情の大切さはいうまでもありませんが、心の健康には自尊感情だけでは十分ではありません。社会生活に失敗はつきものだからです。

等身大の自分を理解し、受け入れられる人はよいのですが、自分の実力以上に自信満々な人は、うまくいかなかったときに「自分は悪くない」「悪いのは○○だ」と考えるかもしれません。

それに対して、思い通りにいかなくても現実に向き合い、前向きにもう一度チャレンジしようとする心のありようが、レジリエンスです。

発達障害の子の特性をもつがゆえに、定型発達の子ども以上に苦労が多く、うまくいかない場面にも出会いやすいでしょう。しかしレジリエンスがあれば生きやすくなり、生活や学習を楽しめるようになります。

本書は、発達障害の子どもたちのレジリエンスと、それに関連する心の育て方や配慮の仕方について、ポイントをまとめました。

レジリエンスのとらえ方は研究者によってさまざまです。また個人の能力や努力の問題だけでなく、生活環境や周囲のサポートなど社会的な要因も関わっていて複雑です。とくに発達障害の子のレジリエンスについては、まだ研究途上です。その難しさはありましたが、今日的な意義を勘案し、本書を制作しました。発達障害の子が、困難に出会いながらも前向きに生きていくためのたすけになることを願っています。

東京学芸大学教職大学院教授　**藤野　博**

発達障害の子の立ち直り力「レジリエンス」を育てる本　もくじ

STEP 1
レジリエンスの基礎は「生活習慣を整えること」

STEP 2
「人を頼って成功する体験」を積み重ねる

STEP 3
興味をいかして「家庭内で役割をもつ」

STEP 4 サポートを受けて「気持ちを切り替える」

1

発達障害の子へのサポートが、少しずつ広がっています。子どもの特性を理解し、その子にとってわかりやすい方法で情報を示すなどの支援が、家庭や学校でおこなわれています。

レジリエンスを育てよう！

2

しかし理解し、支援をしても、うまくいかないこともあります。発達障害の子には、「計画的な行動」「場の雰囲気に応じた発言」など、どうしても苦手なこともあるのです。

3

子どもが失敗してしまい、落ちこんでいるとき、親やまわりの人はどうすればよいでしょう。できたことをほめたり、励ましたりすることが、子どもの力になるのでしょうか。

遅刻しちゃったけど、ちゃんと遊べたんだから、そんなに落ちこまないで

4

それとも、次は失敗をしないように、問題点をノートに書き出したりして整理し、その対策をとることが必要でしょうか。

朝、起きてから出かけるまでにすることをリストにしてみようか

5 ほめて自信を育むこと、対策を考えてスキルをみがくことはどちらも重要です。しかし、自信やスキルをもっていても、失敗してしまうことはあります。

6 そんなとき、役に立つのが「レジリエンス」です。レジリエンスは心の回復力。自信やスキルではカバーしきれない、失敗したときの支えとなります。

レジリエンスが高くなると、失敗して落ちこんでも、そのショックを引きずらなくなります。またがんばろうと思えるようになるのです。自信、スキルとあわせて育てたい力です。「レジリエンス」の育て方を、みていきましょう。

発達障害の子を支える「レジリエンス」とは

レジリエンスとは、心の回復力や弾力、しなやかさのこと。

気持ちが落ちこんだとき、すぐに立ち直れる人はレジリエンスが高く、

長く引きずる人は、レジリエンスが低いといえます。

このレジリエンスを日々の生活のなかで育てていければ、

日頃落ちこむことの多い子にとっては、大きな支えとなります。

マンガ

なぜいま レジリエンスが必要なのか

なんだよこんなもの！
ぐしゃっ
ガンッ
はッ
ざわっ
こわーい
なにー？
どうしてぼくはダメなんだろう…
しょんぼり…
一番じゃなくてもいいの
ママはそのままのあなたが好きよ！

発達障害の子は「一生懸命なのに、なぜかうまくいかない」という状況に陥りがちです。そのままでは自信を失い、スキルを発揮できなくなっていきます。ストレスをやわらげるレジリエンスが必要です。

レジリエンスとは

落ちこんでもまた「立ち直る力」

心理学や精神医学では心の回復力のこと

レジリエンスはもともと一般的な言葉で、物体の弾力性などを意味するものでした。それが近年、心理学や精神医学の分野で、心の弾力や回復力を意味する言葉として使われ、注目を集めています。

現代はストレスの多い社会。心理的な負荷を受けずに生きていくことはできません。心は多かれ少なかれ、傷つきます。ストレスをさけて心を守ることよりも、落ちこんでも立ち直ることを考えたほうが、現実的だといえます。

そこで心の回復力であり、逆境や挫折から立ち直る力ともいえる「レジリエンス」が求められ、研究されているのです。

レジリエンスは英語

レジリエンスは英語で、回復力や弾力性、反発力などを意味する言葉です。このイメージが心のしなやかさに一致するため、心理学や精神医学の分野でよく使われています。

弾性のある回復力。ゴムボールがへこんでも、すぐ元に戻るようなイメージ

Resilience

英和辞典にも掲載されている一般的な言葉。もとは回復力を意味するが、心理学や精神医学では、とくに心の回復力のことをさす。その他、自然災害に対する復興の力や、建物の安定性などを示す言葉としても使われる。

心が「強い」のではなく「しなやか」

レジリエンスは「けっして折れない強い心」ではありません。「ときには折れたり曲がったりするけれど、また立ち直る心」です。折れることを否定していないのがポイントです。しなやかな木をイメージしてみてください。

レジリエンスは、風にそよぐしなやかな木のようなイメージ。激しい風雨で枝が折れても、また再生する

心のしなやかさ

つらいことがあれば落ちこむが、それを引きずらず、立ち直って元気になれる。無理をしていない

心のタフさ

つらいことがあっても落ちこむ様子をみせない。なにごとにも動じないようだが、負担は蓄積していて、いつか限界がくる

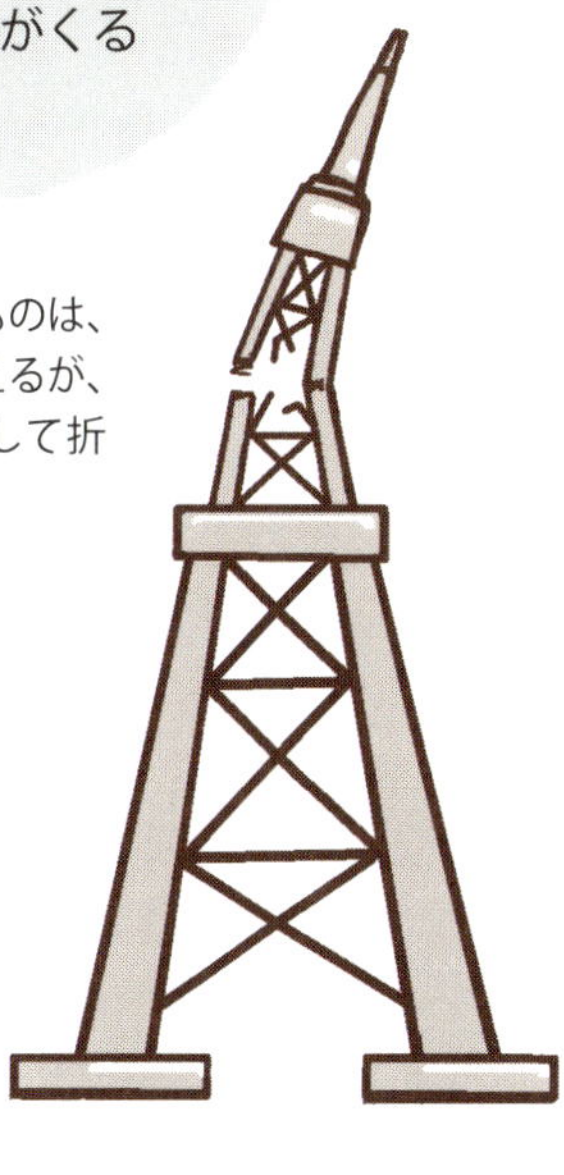

鉄塔のように頑丈なものは、ゆるがないようにみえるが、いつかは折れる。そして折れたら再生しない

レジリエンスの定義はさまざま

レジリエンスは幅広い分野で研究されていて、さまざまな定義があります。たとえば「困難で脅威的な環境にもかかわらず、うまく適応する過程・能力・結果」や「ストレスや葛藤のある状況のもとで精神的な平衡を保つ力」などと説明されます。

統一された定義はないので、各種の説明を参考にしながら「立ち直る力」「心の回復力」として、総合的に考えていきましょう。

レジリエンスとは

三つの要素でつくられている

レジリエンスは心のしなやかな人の共通点

レジリエンスの研究は、どうすれば立ち直る力が強くなるかを考えることよりも、実際に立ち直る力が強い人を調べ、その人たちの共通点を探ることを中心として、進められています。

心理学者の小塩真司らは、レジリエンスがある人には「新奇性追求」など三つの特徴がみられることを報告しています。また、さまざまな研究によって、家族や友達との親しい関係がレジリエンスを高めることもわかっています。

生活のなかで、それらの特徴を身につけたり、強くしたりすることができれば、レジリエンスも高まっていくことが期待できます。

しなやかな人は逆境でも適応する

逆境にあっても気力を失わない人と、そうでない人は、なにが違うのか。その違いこそがレジリエンスです。

ストレスの多い、困難な環境。葛藤が生じ、悩まざるを得ない状況

動揺したり、落ちこんだりしながらも、葛藤と向き合う。ストレスを受け止める

逆境のなかでうまく折り合いをつけ、その状況に適応する。精神的に落ち着く

思い通りにならない現状を受け入れられず、環境やまわりの人を否定する

逆境に適応できず、ひどく落ちこんだり、さけたりする。問題を先送りする

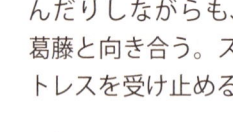

うまくできるという確信がなくても、スポーツなどにチャレンジできる。新しい体験をすることを楽しめる

乗り越える人がもつ３つの要素

レジリエンスがある人には３つの心理的な特徴がみられるといわれています。この３要素を育てることが、レジリエンスを育てることにつながります。

レジリエンスの３要素

新奇性追求

新しいことを求める気持ち。知っていることだけでなく、未知のことに興味や関心をもち、チャレンジしたいという意欲がもてる

感情調整

自分の気持ちをある程度、コントロールできる。感情に振り回され、不本意な行動をとってしまうことが少ない

肯定的な未来志向

これから先に、いろいろあるかもしれないが、基本的には明るく楽しくすごせると思っている。将来に対して肯定的で、そのために努力できる

一生懸命勉強をすれば、よい結果が出ると信じることができる。ポジティブな未来を思い描ける

「カラオケで気分転換」など、落ちこんだときの対処法を身につけている。心配や悩みを引きずらない

図は、小塩真司・中谷素之・金子一史・長峰伸治「ネガティブな出来事からの立ち直りを導く心理的特性―精神的回復力尺度の作成」『カウンセリング研究』35、P57 ～ 65 を参考に作成

自尊心とはどう違うのか

レジリエンスと自尊心は支え合う

自尊心が高い人は、落ちこんでも自分を信じることができ、自分の力で立ち直れます。レジリエンスとよく似た力ですが、じつはこの２つは別々のもので、お互いに支え合って機能しています。

自尊心は成功したり、ほめられたりすることで育っていくもの。基本的に自分を評価する感情で、自分を信じる力ともいえる

プライドの高い「自尊心くん」と、人を頼れる「レジリエンスくん」が協力し合って、立ち直る力を生み出している

レジリエンスは成功時にも育つが、失敗して人にたすけられたときにも育つ。自分とまわりの人を信じる力といえる

レジリエンスと自尊心は補い合うもの

自信がある子は、多少失敗しても気を落とさず、またがんばることができます。ただし、失敗がずっと続けば話は別です。度重なる失敗は、子どもの自信や自尊心を低下させます。どんなに自信がある子でも、めげずにチャレンジを続けることはできません。

そこで役に立つのが、レジリエンスです。失敗をくり返して葛藤が生じても、レジリエンスが高い子は、その現実と向き合うことができます。気をとり直して再チャレンジしたり、自分には難しいと判断して人の手を借りるなどの方法で、自尊心を補いながら、現実に対処できるのです。

ソーシャルスキルが育っている子は、困ったとき、人に相談することができる

さらにソーシャルスキルとも支え合う

レジリエンスは自尊心と一体になっていますが、さらにもうひとつ、ソーシャルスキルとも支え合っています。この３つの要素は、社会性の基盤となります。プライドやスキルだけでなく、レジリエンスのような、ある種の余裕も重要なのです。

レジリエンス

落ちこんでも立ち直る力。失敗したとき、その悪影響を緩和することに重要な役割を果たす。自分を信じる力であり、まわりの人を頼る力でもある

ソーシャルスキル

まわりの人と関わるための技術。失敗したときには支えを求め、成功したときにはともに喜ぶことができる

３つの柱

自尊心

自分の価値を認め、自分を大切にする気持ち。課題にとりくんでいるとき、その成功を信じる力となる。プライドともいえる

３つの柱がそろうと社会性が育ちやすい

レジリエンス、自尊心、ソーシャルスキルの3要素がそろうと、社会性が育ちやすくなります。スキルを身につけ、自信をもってとりくみながらも、困難を感じたり失敗したら、人を頼れます。その柔軟性が、社会に適応する力となるのです。

四つのステップで育てていく

時間をかけてゆっくり育てるもの

レジリエンスの高さには個人差がありますが、それは体質や性格のように、ある程度かたまっているものではありません。本人やまわりの人の暮らし方しだいで、レジリエンスは育っていきます。

子どものレジリエンスを育てるためのポイントは、まず、家族で安定した生活をすること。そして、日々の暮らしのなかで、よい体験を継続的に積み重ね、自己理解を深めていくことです。

子どもは、自分のことが理解できれば、なにごとにも、自分なりの方法でとりくめるようになっていきます。心をしなやかに、柔軟にもてるようになるのです。

レジリエンスの育て方

レジリエンスは、一朝一夕に手に入るものではありません。段階を追って、少しずつ育てていくものです。本書ではそのステップを大きく4つに分けて説明しています。

STEP 1

生活習慣を整える

子どもが栄養と睡眠を十分にとれるようにする。生活が安定し、生活習慣が身につきやすくなる。そして気持ちも安定する。安定した生活が、レジリエンスの基礎となる。

- 生活習慣を整える
- 安心できる環境に

（25 ～ 41 ページ参照）

STEP 2

人を頼って成功する

子どもがさまざまな課題にとりくむとき、ひとりでは難しいことには、家族などまわりの人が手助けする。子どもが「できないことでも、人に相談すればうまくいく」という体験を積めるようにする。

- 目標を立てる
- 保護者が手助けする

（43 ～ 59 ページ参照）

STEP4

サポートを受けて気持ちを切り替える

子どもは成功体験や役割を果たす経験を通じて成長していくが、それでもうまくいかないこともある。まわりの人にサポートしてもらうことで、そういうときにも気持ちを切り替えられるようになり、ひどく落ちこまなくなる。

- 仲間をつくる
- 楽観性をもつ
- 気持ちの切り替え

（79 ～ 97 ページ参照）

４つのステップを、自分のペースでゆっくりのぼっていく

STEP3

興味をいかす、役割をもつ

子どもが自分の得意なことと苦手なことを理解できてきたら、その子の長所や興味がいきるような役割を設定し、子どもに選んでもらう。本人の選択を尊重し、その役割を果たせるように手助けする。

- 子どもが選ぶ
- 役割を決める
- ストレングスを探す

（61 ～ 77 ページ参照）

※４つのステップには順序がありますが、ステップ２以降は同時進行する場合もあります。子どもの様子をみながら進めましょう。

四つのステップ Q&A

● 途中のステップからでも大丈夫？

ステップ1からはじめましょう。生活が不安定なまま、次のステップに進むことはできません。

● 専門家の指導が必要？

レジリエンスを育てるためのステップは、どれも家庭で保護者がすぐにはじめられること。専門的な指導はとくに必要ありません。

ただし、発達障害の特性を理解する必要はあります。悩んだときには、医師や心理士などの専門家に相談してください。

● どこで実践すればよい？

家庭でも学校でも、地域でも実践できます。特別な施設や場所に行く必要はありません。むしろ、子どもがふだん生活している場で実践し、日常のなかで、成功体験や役割を果たす体験を積んでいきたいものです。

どんな子に必要か

困難に直面しやすい発達障害の子

思い通りにいかないときに必要

レジリエンスが必要になるのは、うまくいかないときです。子どもが家庭や学校などで叱られたときもそうですが、大人が仕事で失敗したときにも、レジリエンスが高ければ、早く立ち直れます。

仕事でミスをくり返しているとき、気持ちや考え、行動を切り替えるためにはレジリエンスが必要

弱っている

うまくいかないことが多く、心理的に弱っている。次のチャレンジに意欲がもてない

困っている

どうすれば失敗をさけられるのかがわからず、困っている。自分の能力が信じられない

傷ついている

失敗して叱責されることが続き、心理的に傷ついている。落ちこんでしまっている

ストレスが多く、傷つきやすい

レジリエンスは、ものごとが自分の思い通りにいかず、落ちこんだときに機能する力です。そういう困難な状況でも気持ちを切り替え、やり直そうという意欲のもとになります。

誰にでもそういうときはあります。レジリエンスは、どんな人にとっても重要な力だといえます。

ただ、レジリエンスをより強く必要としている人もいます。たとえば、発達障害の子どもたちです。彼らはさまざまな特性があるために、生活上の困難に直面することが多く、その結果、傷ついたり、落ちこんだりすることが多くなりがちなのです。

こだわりが強く、まわりの人と衝突してしまいやすい子には、レジリエンスが必要。気持ちを安定させたい

発達障害の子の生活とは

発達障害の子にも、レジリエンスが必要です。彼らはコミュニケーションが苦手だったりするため、日頃、困難に直面することが多くなりがちです。そのため、ストレスにさらされやすく、落ちこみやすいのです。

発達障害

ADHD

注意欠如・多動症。不注意、多動性、衝動性がみられる。生活面では「忘れ物が多い」「じっと座っていられない」などの行動が目立ち、落ち着きのない子だと言われがち

ASD

自閉スペクトラム症。対人関係での困難と、こだわりの強さがみられる。生活面では「不用意な発言」「好き嫌いが激しい」などの行動が目立ち、空気の読めない子、融通がきかない子だと言われがち

SLD

限局性学習症。一般にはLD（学習障害）ともいう。読み書きや計算など、学習面のスキルの一部が育ちにくい。学習意欲がない子だと言われがち

↓

発達障害の子は、得意なことと苦手なことがはっきり分かれている場合が多い。その特性に理解のない環境では、困難に直面しやすい

なぜ
必要なのか

社会性が育ち、二次障害を防げる

状況の悪化を食い止められる

　発達障害の子は、その子の特性に合った環境であれば、あまりトラブルにあわずにすごしていけます。しかし実際には、理解や支援が不足し、ストレスにさらされている場合がよくあります。

　そのような状況が続けば、ストレスが蓄積するなどして、抑うつや不安、体調不良などの症状が引き起こされることもあります。それが二次障害です。

　状況の停滞、悪化を防ぐためには、発達障害への理解と支援が必要ですが、同時に、レジリエンスを育てることも効果的です。心のしなやかさを得れば、厳しい状況でも適応しやすくなります。

二次障害とは

　発達障害の特性によって生活上の困難が起こり、それによって二次的に障害が起こることを、二次障害といいます。理解や支援によって防げる障害です。

発達障害の特性

対人関係を調整することの難しさや、不注意などの特性。子ども一人ひとり異なっている

困難に直面しやすい

特性があるために、集団行動などでうまくいかないことがある。困難な状況になりやすい

二次障害

つらい体験がくり返されると、そのストレスで心身の症状が出る。抑うつや不安が強くなってしまう子もいる

レジリエンスの効果

　レジリエンスを高めても、発達障害がなくなるわけではありません。しかし、失敗によるダメージを減らし、立ち直りを早めて、二次障害を防ぐことにはつながります。

社会性が育ちやすくなる

自主的に活動でき、まわりに頼ることもできれば、社会性が育ちやすい。二次障害が起こりにくくなる

自分も人も信じられる

気持ちを切り替えてうまくいくと、自分の力や考え、まわりの人の助けを信じられるようになっていく

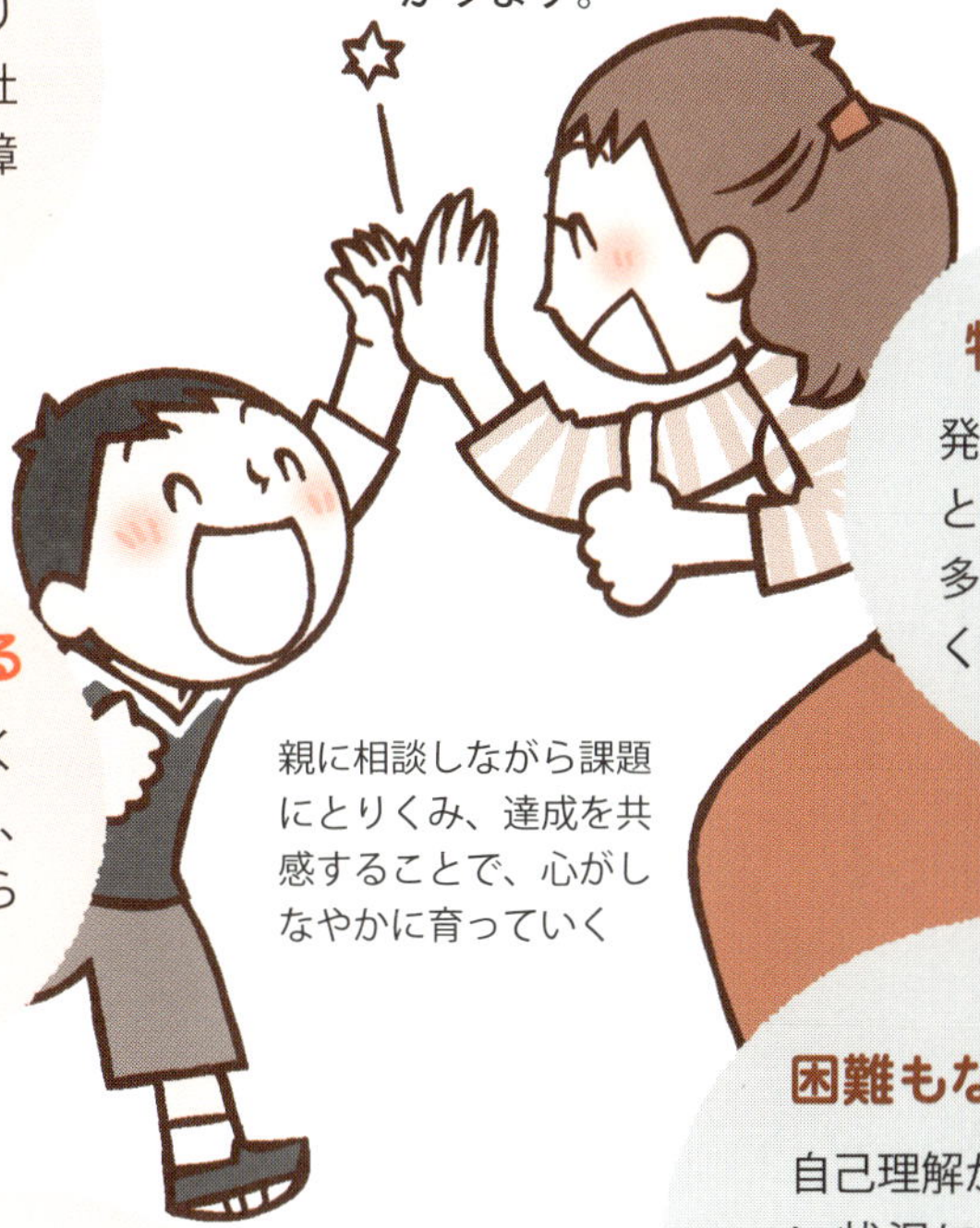

親に相談しながら課題にとりくみ、達成を共感することで、心がしなやかに育っていく

特性は変わらない

発達障害の特性があることは変わらない。程度は多少変わるが、特性がなくなることはない

困難もなくならない

自己理解が進めば、厳しい状況に陥ることは減る。失敗も少なくなる。しかし、困難がまったくなくなるわけではない

つらさを引きずらない

困難や失敗はつらいが、その感情に支配されず、気持ちを切り替えたり、もう一度がんばれたりする

失敗して落ちこんでも、レジリエンスの弾力で立ち直る

レジリエンス

column

レジリエンスはどうやって調べるか

いくつかの尺度が使われている

レジリエンスを調べるための検査は、とくに決まっていません。すでに解説した通り、レジリエンスは幅広く解説されていて、調査のための尺度も、複数のものが使われています。

日本でよく知られているのは、心理学者の小塩真司らがつくったものです。ネガティブな出来事から立ち直る力の研究を通じてつくられた尺度で、二一の設問によって、精神的回復力をはかることができます。

尺度は統計をもとにつくられている

小塩らの尺度のほかにも、さまざまな尺度が使われています。

それらの尺度は多くの場合、統計的な研究に基づいてつくられたものです。多くの人の健康状態を調査し、そのなかで立ち直る力が強かった人の特徴を抽出してつくることが、一般的です。

専門家によって研究の仕方やテーマが異なるため、同じレジリエンスの尺度でも、設問の数や内容は個々に異なります。

今後の研究にも期待がかかる

それらの尺度は、基本的に、専門家が研究目的で使うもの。保護者がわが子のレジリエンスをはかる指標として使うものではありません。自己判断で使用するのはさけましょう。また、医療機関などで検査をお願いすることも、いまはできません。

レジリエンスの研究は、いまも進んでいます。いずれは統一的な指標ができたり、それを家庭で活用できたりする日も、くるかもしれません。今後の研究に期待がかかります。

精神的回復力尺度の設問の例

- 新しいことや珍しいことが好きだ
- 自分には将来の目標がある
- その日の気分によって行動が左右されやすい

小塩真司・中谷素之・金子一史・長峰伸治「ネガティブな出来事からの立ち直りを導く心理的特性―精神的回復力尺度の作成」『カウンセリング研究』35、P57～65より引用

STEP 1
レジリエンスの基礎は「生活習慣を整えること」

レジリエンスは日々の生活のなかで、
ゆっくり育っていくもの。
生活が安定していなければ、なかなかうまく育ちません。
睡眠を十分にとり、基本的な生活習慣を身につけることが、
レジリエンスを育てるための第一歩となります。

マンガ

すべては「安心」からスタートする

子どもがいろいろとうまくいかず、悩んでいたら、まずは生活習慣を整えましょう。生活を安定させ、家族が安定的にサポートをすることで、子どもが安心して活動できるようになります。

生活習慣が「心の型」をつくる

心をゆで卵にたとえると

心の発達、とくに自己肯定感（自分の価値や能力などを肯定的にとらえる感情）の育ちを、ゆで卵にたとえて考えてみましょう。子どもの自己肯定感は、最初は生卵のように、かたまっていません。それが日々の生活のなかで徐々に形をつくっていきます。

卵が加熱されて徐々にかたくなっていくように、自己肯定感も時間をかけて育つ

だんだんしっかりしていく

自己肯定感はじっくりと育つもの。生活が安定していれば、子どもは安心でき、ゆっくり成長できる

型があれば、ゆで卵に

生活習慣や生活上のルールが一定であれば、それが確かな型となり、自己肯定感が育つ。理想的なゆで卵ができる

型がないと、はみ出る

生活がいきあたりばったりでは、子どもは基準がわからなくなり、自己肯定感がゆらぐ。卵がカラをはみ出したような状態に

かたすぎると破裂する

親が子どもの生活を制限しすぎると、卵に外から圧力がかかって破裂するように、子どもが感情的に爆発してしまう

カラはやわらかすぎても、かたすぎてもいけない。卵がカラをはみ出したり、カラが割れたりする

生活習慣が安定すれば、子どもはそのなかで自分の力を発揮できる。自己肯定感が育つ

生活が卵のカラになる

日頃の生活習慣やさまざまなルール、マナーなどが卵のカラとなります。子どもは日々の生活のなかで、まわりの人とのやりとりも通じて、自己肯定感を育んでいくのです。

学校生活のルール

学校生活でも自己肯定感は育つ。家庭と学校で、習慣や環境、ルールが違いすぎると自己肯定感がゆらぐ

家庭生活のルール

わが家のルールを明確に定めると、そのなかで、子どもは自分にできることを学ぶ。自己肯定感が育つ

地域生活のルール

地域生活も、子どもの心の発達には欠かせない。家族以外の人とのやりとりでも、自己肯定感は育つ

適度な枠組みのなかで自己肯定感が育つ

子どもの心が卵なら、生活のなかの枠組みが、卵のカラにあたります。起床・睡眠のリズム、毎日の食習慣、道具の管理などが、子どもの心の発達に関わります。

その枠組みが子どもにとってわかりやすく、また安定していれば、子どもはその環境で安心し、確かに成長していけるのです。

やがて枠組みがなくても活動できるように

子どもは幼少期には、保護者やまわりの人が用意した枠組みのなかで生活しています。

生活のなかで子どもの自己肯定感がしっかりと育っていくと、枠組みが徐々にはずれても、その子は本人主体で自由に活動するようになっていきます。自分なりの暮らし方が身についていき、レジリエンスも高まります。

予定表で１日・１時間を実感させる

どうして？

時間がなかなかみえないから

子どもの生活リズムが乱れやすい場合、時間の感覚が身についていない可能性があります。発達障害の子によくみられる悩みです。時間がみえない子は生活リズムがなかなか整わず、それが生活全般の発達の遅れにつながりがちです。

大好きな歴史の本を読んでいたら、夜遅くになっていた。翌日は寝不足で活動が不安定に

時間を意識するのが苦手

発達障害の子は時計だけでは時間を理解しづらい場合がある。生活リズムの乱れにつながる

集中するとまわりがみえない

好きなことをしていると、予定や時間を忘れてしまう

どうやって？

予定表をながめることからスタートする

子どもに予定表をみせたりしながら、時間を具体的に伝え、1時間・1日・1週間などのリズムを実感させましょう。不注意が目立つ子には予定表の提示に加えて、こまめに声をかけることも大切です。

最初は予定表をながめるだけでよい。まずは「時間」に意識を向けることから

最初はながめるだけ

子どもが幼いうちは、親が予定表や日課表をつくってみせる。親子でながめながら話し、詳細を何気なく確認する

小学校低学年～中学年

慣れたら自分でも考える

時間や予定を意識することに慣れてきたら、子どもに予定を考えさせてみる。そして親子で話し合う

小学校高学年

自分でつくってみる

子どもが予定を考えられるようになったら、自分で計画して書き出し、実践するように指示する

中学生

テスト勉強の計画表をつくれるようになった子も

予定表をみることからはじめて、ステップアップしていき、自分の勉強の計画表をつくれるようになった子がいます。

時間を意識するのは苦手でしたが、どんな書き方をすれば時間にそって活動できるか、自分なりに試行錯誤をしました。

その積み重ねによって、ついには、テスト前に自分で勉強の計画を立てられるようにまでなったのです。

生活習慣を整える

早寝早起きしやすい習慣に

どうして？

ぐっすり眠れず、睡眠不足のまま登校。先生の話になかなか集中できない

本人は体調管理が苦手だから

　発達障害の子は、自分の疲れや痛みに気づきにくいことがあります。また、睡眠習慣が安定しにくいこともあり、総合的に、体調管理が苦手になりがちです。それもまた、生活習慣やスキル習得のさまたげになりえます。

睡眠リズムが乱れやすい

不眠や寝起きの悪さに悩みやすい。生理的に起床と睡眠のリズムが整いにくいといわれる

疲れに気づきにくい

認知や感覚にかたよりがあり、疲れていてもなかなか実感できない子がいる

どうやって？

寝る前に絵本をみることで、緊張がやわらぎ、眠りやすくなる子もいる

就寝前の行動パターンを決める

本人が自力で睡眠時間を確保し、体調を管理するのが難しい場合には、保護者やまわりの人が早寝早起きしやすい行動パターンを提案しましょう。保護者が生活習慣を見直すことで、状態が改善することもあります。

好きなことを組みこむ

子どもが好きでリラックスできることを、寝る前の日課としてとり入れる。眠りやすくなる

行動パターンを決める

食事や入浴、歯みがきなどの習慣が一定の時間内におさまる行動パターンを決め、予定表などをつくって明確に示す

保護者が生活習慣を見直す

夜遅くてもテレビをみたり外出したりするのが当たり前になっている家庭では、まずその習慣を見直す

父親はパターンに入れない？

父親の帰宅時間が不規則で、入浴の時間が毎日ずれる場合には、父親抜きの行動パターンを基本形にするとよい。父親は早く帰れるときや、休日に参加する。

改善しにくいときは医師に相談する

睡眠リズムの乱れが悪化していると、生活を見直しただけでは改善しないことがあります。

その場合は小児科を受診し、医師に相談してください。睡眠障害と診断されることがあります。状態によっては、薬を使って症状をやわらげることも検討されます。

生活習慣を整える

道具の自己管理をシンプルに教える

どうして？

空港は案内板が充実していて、はじめて訪れる人でも迷わない。そのくらいわかりやすい生活空間をつくりたい

世の中は彼らにとって、わかりにくいから

発達障害の子はあいまいな情報の理解が苦手です。「ちゃんとしまって」などと言われても「ちゃんと」がよくわかりません。また、注意が散漫になりがちで、管理や整理が苦手な子もいます。

空間の意味がわかりにくい

道具を置いてよい場所、そうでない場所などを、明確に指示されないとわからない

わかっても管理が苦手

一度覚えたつもりでも、他のことに注意が向いて、覚えた通りにできないことがある

生活空間を空港のように一目瞭然に「構造化」したい

※構造化とは、ものごとを整理して枠組みをつくり、わかりやすく示すこと。発達障害支援の考え方のひとつとして知られている。

どうやって？

置き場所を決めて家族みんなで守る

　保護者が道具の管理の方法をシンプルに整理して、それを家族全員に明確に示しましょう。まずはよく使う道具の置き場所を決めてみてください。子どもが「ルールさえわかれば自分にも管理ができるんだ」と思えるように、支援していきます。

「プリント類は靴箱の上のケースに置く」というルールを提案。子どもが理解でき、守れるようなら、家族全員のルールにする

ルールを決めて示す

道具の置き場所や使うときの手順、使ったあとの手入れなどを、ルール化する

ただし強制しない

ルールは子どもが実践しやすい内容にするが、それでも守ることを強制しない。まずは見守る

ルールは見直す

子どもがルールを守ることに苦労していたら、ルール自体を見直す。よりシンプルに、より簡単なものに調整

ルールの決め方

　文具やプリント類、おもちゃなど、子どもがよく使うものについて、ルールを決める。「大事なプリントはママに」「それ以外はファイルに」といったあいまいなルールでは、子どもが対応しきれない。ルールは具体的に。

ルールの例

- 文具と引き出しにそれぞれカラーシールを貼る。色を合わせて置く
- プリントはすべて靴箱の上のケースに入れる
- おもちゃは夜８時になったらカゴに入れる
- テレビのリモコンはテーブルの所定の位置に置く
- 教科書を置く位置を決める

生活習慣を整える

便利な「生活図鑑」で手順を示す

どうして？

まわりをみて学ぶのが苦手だから

発達障害の子は、自分で生活習慣を身につけるのが苦手です。彼らにはさまざまな特性があり、多数派のために整えられた生活空間で、まわりの様子をみて、自然に手順を身につけることは難しいのです。

発達障害の子には難しい

発達障害の子は、その子にとってわかりやすい指示、活動しやすい環境がないと、生活習慣がなかなか身につかない

多くの子は、みて学ぶ

大多数の子は、幼少期から他の子の様子をみて、まねをすることができる。みなまで言われなくても、みて学び、生活習慣を身につけていく

まわりの子の様子に目が届かず、大皿の料理をひとりじめしてしまったりする

どうやって？

歯みがきの手順をプリントして掲示。奥歯など、おろそかになりやすい部分もみがけるように

既存のマニュアルを活用する

生活習慣全般を一つひとつ、具体的に示していかなければ、活動としてなかなか定着していきません。しかしすべて親が用意していては大変なので、既存のマニュアルを使いましょう。

本やインターネットで探す

生活習慣をまとめた本やウェブサイトを探し、そのなかで子どもにとってわかりやすいものを使う

みられるように貼り出す

いつでも見直せるように、コピーや印刷をして貼り出しておく。親が見本を示したり、声をかけたりしたほうが、身につきやすい子もいる

マニュアルの探し方

最近は子ども向けに生活習慣をまとめた図鑑があり、すぐに活用できる。また、発達障害の子のためにイラストや手順をまとめた本もある。インターネットで「歯みがき　手順」などと検索するのもよい。

主な例（市販の本）

- 『せいかつの図鑑』（小学館）
- 『こどもマナーとけいご絵じてん』（三省堂）
- 『自閉症の子どもたちの生活を支える すぐに役立つ絵カード作成用データ集』（エンパワメント研究所）

身だしなみにむとんじゃくなわけ

とくに身につきにくい生活習慣のひとつが、髪型や衣服などの身だしなみを整えることです。課題は主に二つ。見た目を整えることと、清潔にすることです。

社会性が育ちにくい子は、身だしなみをみられているという意識がなかなかもてません。不注意な子は、衣服の汚れや乱れなどに気づきにくいことがあります。どちらも、教えるだけでなく、保護者がチェックすることも必要です。

安心できる環境に

家庭を「心のガソリンスタンド」に

どうして？

元気になれる場所が必要だから

発達障害の子は、少数派です。他の子にはない特性があるために、社会で生きていくことに苦労しています。わかりにくいこと、困ることが多く、1日すごすと疲れきってしまいます。せめて家庭はリラックスできる場所であってほしいのです。

おかえり！
大好きなカレー、
つくってあるわよ～
心のガソリン

少数派だから疲れやすい

学校でも地域でも、ものごとを理解することにも、行動することにも手間や時間がかかり、疲れやすい

安心できれば元気になれる

家庭でも他の場所でも、理解者がいて支援が得られるところなら、安心できる。リラックスして元気になれる

学校でがんばって疲れたら、家に帰ってリラックス。心のガソリンを満タンに

どうやって？

家に帰れば大好きな家族に会える。疲れや緊張がとれる。また、ひとりで安心してくつろぐこともできる

家庭の２大特徴を意識する

家庭は子どもの居場所であり、同時に、家族が節度を保って共同生活をする場所でもあります。その２つの特徴を区別し、共同生活の側面が強くなりすぎないようにしましょう。それが子どもをリラックスさせるコツです。

居場所

家族の間には親密な関係があり、その関係のなかでは心からリラックスできる。家庭は家族全員にとって、大切な居場所となる。

共同生活

「親しきなかにも礼儀あり」の言葉の通り、家族といえども一定のルールを守らなければ、共同生活はできない。

「居場所」をやや重めに

発達障害の子が疲れやすいことを考慮して、「共同生活」より「居場所」に重きを置く

２つのバランスを意識して

「居場所」を重視しすぎて、家庭のルールが崩れないように注意。一定の枠組みは必要

ガソリンスタンドのイメージで

子どもが家庭で元気を回復できるように、家庭ではその子の興味や意欲を大切に

安心できる環境に

対人関係の課題はもっとあとで

どうして？

スキルだけでは社会性は育たない

　発達障害の子は対人関係の悩みを抱えやすいため、保護者はまずその点を解消したいと考えがちです。しかし、生活習慣が整わないうちから対人スキルを身につけようとしても、なかなかうまくいきません。場当たり的な対応になり、スキルが定着しないのです。

大人になっても遅刻をくり返すなど、生活習慣の部分で苦しんでいる発達障害の人は意外に多い

対人スキルを優先

対人関係の悩みを解消するため、ピンポイントでスキルの練習。表面的な対応になりがち

自律性が育たない

特定のスキルの練習だけでは、子どもの自己理解が深まらず、自律性が育たない

スキルがあっても使えない

スキルを多少身につけても、生活が安定していなければ、継続的に使うことができない

どうやって？

生活が安定し、自律性が育てば、学校や地域へ元気に出ていける。対人スキルを育てる土台ができた状態に

まず親があせるのをやめる

対人関係の悩みにあせって対応するのはやめ、まずは生活習慣を整えましょう。どんなスキルも、毎朝起きて活動できなければ、使えません。生活が整い、自律性が育ってくれば、自ずとスキルも伸びていきます。

生活習慣を整える

習慣やリズムが整えば、生活のなかで自己肯定感が育つ。活動のベースができる

意欲が育ってくる

自律性が育ち、子ども本人が自分で意欲をもって活動することが増えてくる

対人スキルも伸びていく

あえて練習しなくても、生活のなかで自然に対人スキルが伸びていくことが多い

基礎づくりを他の子よりもじっくりと

定型発達の子の場合、小学校低学年くらいで自律性が育ってきます。いっぽう、発達障害の子の自律性は、小学校高学年くらいまで、時間をかけて育ちます。

自律性は、対人関係をつくることの土台になるもの。一〇歳頃までは、対人関係の基礎づくりとして、自律性を育てることにじっくりとりくんでください。

※「自律」とは、自分の衝動などを自分でコントロールすること。なんでもひとりでする「自立」とは違う。

column

睡眠が安定すると、情緒も安定する

睡眠が脳の覚醒水準に関わっている

睡眠不足になると、体がだるくなるだけでなく、精神的にも落ち着かなくなるでしょう。睡眠は体の健康のみならず、情緒の安定にも関わるといわれています。

睡眠リズムが乱れると、脳の覚醒水準も乱れます。乱れ方は人それぞれで、元気がなくなる人もいれば、よけい興奮する人や、注意散漫になる人もいます。

発達障害の子の場合、もともと気持ちのコントロールが苦手で、ストレスも感じやすいので、睡眠リズムが乱れると、情緒はさらに不安定になってしまいます。

体験よりも休養を優先する場合も

彼らには、安定して休める環境が必要です。

保護者のなかには、子どもに学びの機会を与えようとして、さまざまな場所へ連れ歩く人もいます。しかし発達障害の子の場合、毎日めまぐるしく新しい体験をしていても、情報が処理しきれず、生活リズムもくずれ、心身の調子が不安定になることがあります。

子どもの状態によっては、休ませることを優先したほうが、結果として豊かな学びにつながる場合もあるのです。

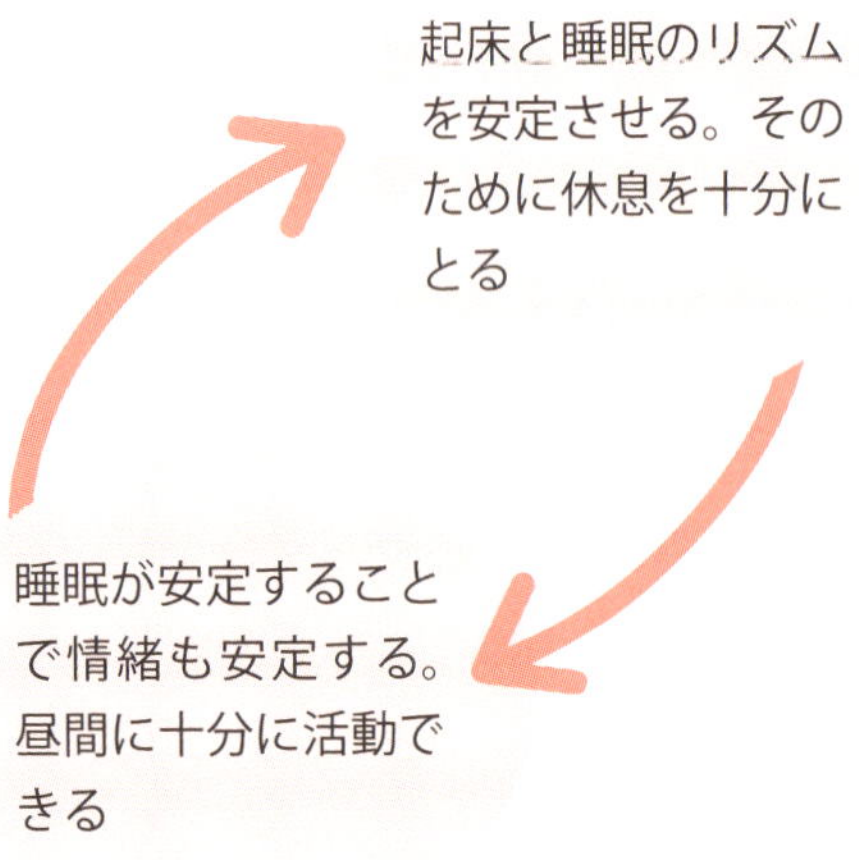
起床と睡眠のリズムを安定させる。そのために休息を十分にとる
睡眠が安定することで情緒も安定する。昼間に十分に活動できる

ジョギングなどの運動をするのもよいが、体をよく動かした翌日はいつも以上に休みをとりたい

STEP 2

「人を頼って成功する体験」を積み重ねる

生活が整って、子どもの自律性が育ってきたら、

その子の意欲を尊重し、さまざまな体験をさせましょう。

ただし、失敗よりも成功が多くなるように、親がサポートする必要があります。

子どものそばに親がよりそい、ときには手伝ってください。

人といっしょに活動し、成功する体験が、子どもの世界を広げます。

マンガ

「成功」が子どもの世界を広げる

発達障害の子には、自分のことを理解してくれていて、いつでも頼れる相談相手が必要です。人に支えられながら成功体験を積み重ね、世界を広げていきます。

ステップ2の基本

失敗を減らし、成功を増やす

失敗が多くなりがち

発達障害の子は、理解や支援を受けずに自力でがんばっていると、どうしても失敗が多くなりがちです。

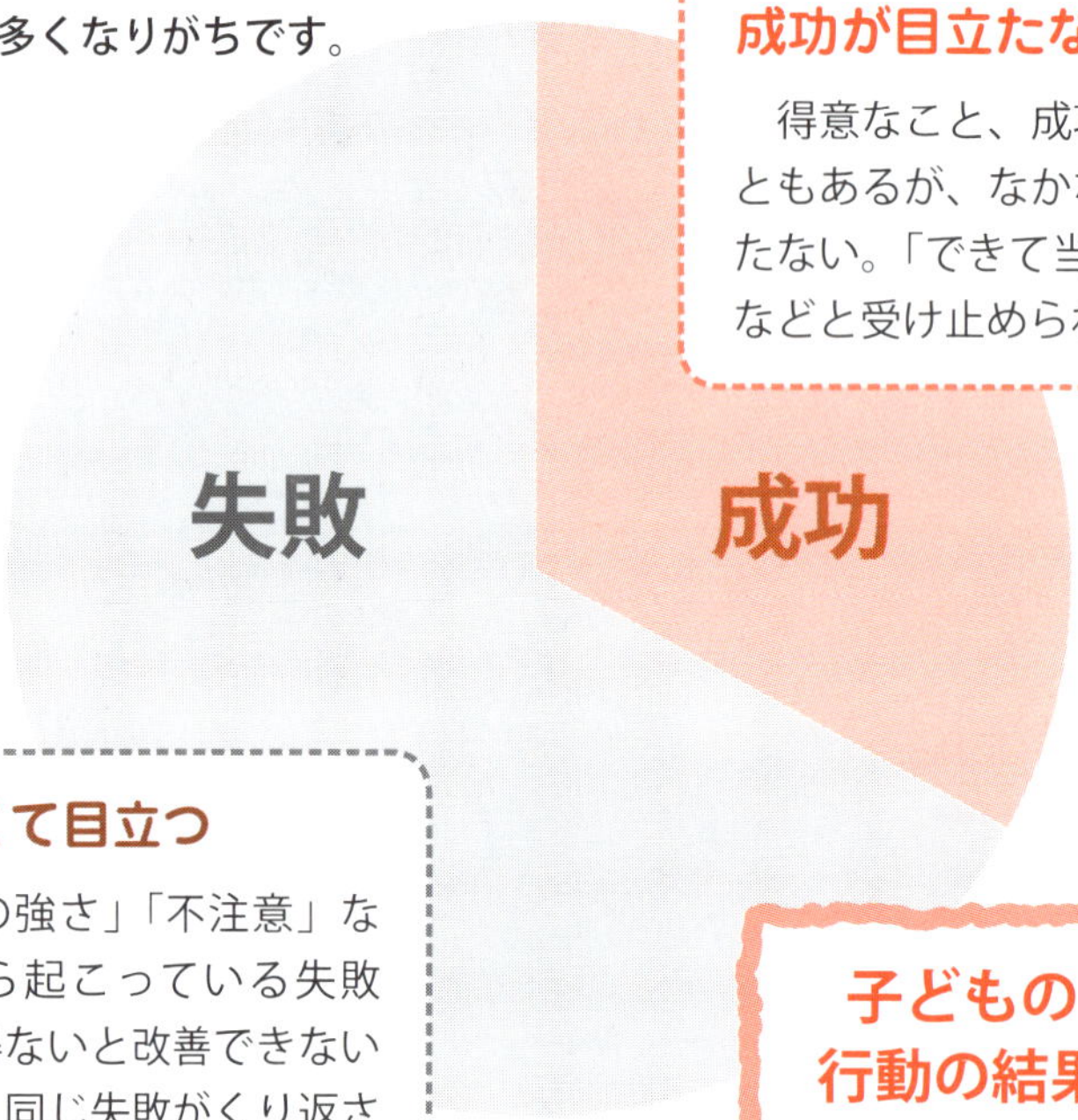

成功が目立たない

得意なこと、成功することもあるが、なかなか目立たない。「できて当たり前」などと受け止められがち。

失敗が多くて目立つ

「こだわりの強さ」「不注意」などの特性から起こっている失敗は、支援を得ないと改善できない場合が多い。同じ失敗がくり返され、それぱかりが目立ってしまう。

子どもの行動の結果

ひとりでは失敗をなかなか減らせない

発達障害の子は、得手不得手がはっきりと分かれています。その特性は、先天的な脳機能のかたよりによるものです。基本的に、本人の気のもちようで変えられるものではありません。

不得手なことにとりくむと失敗が多くなりがちですが、それを本人の努力だけで改善するのは、なかなか難しいのです。

保護者が手を貸し、失敗が少なく、成功が多くなるように、サポートしましょう。子どもは成功体験を積み重ねることで、自信や意欲をもち、また、失敗しても立ち直れるようになっていきます。レジリエンスが高まるのです。

手助けして成功を増やす

発達障害の特性があって苦労しているのなら、本人の工夫や努力だけで乗り越えるのは困難です。まわりの人が手助けして、失敗を減らし、成功を増やしてください。

失敗はなくならない

支援をしても、失敗がゼロになるわけではない。手助けがあっても難しいこともあるので、それがわかったら、無理をさせないようにする。

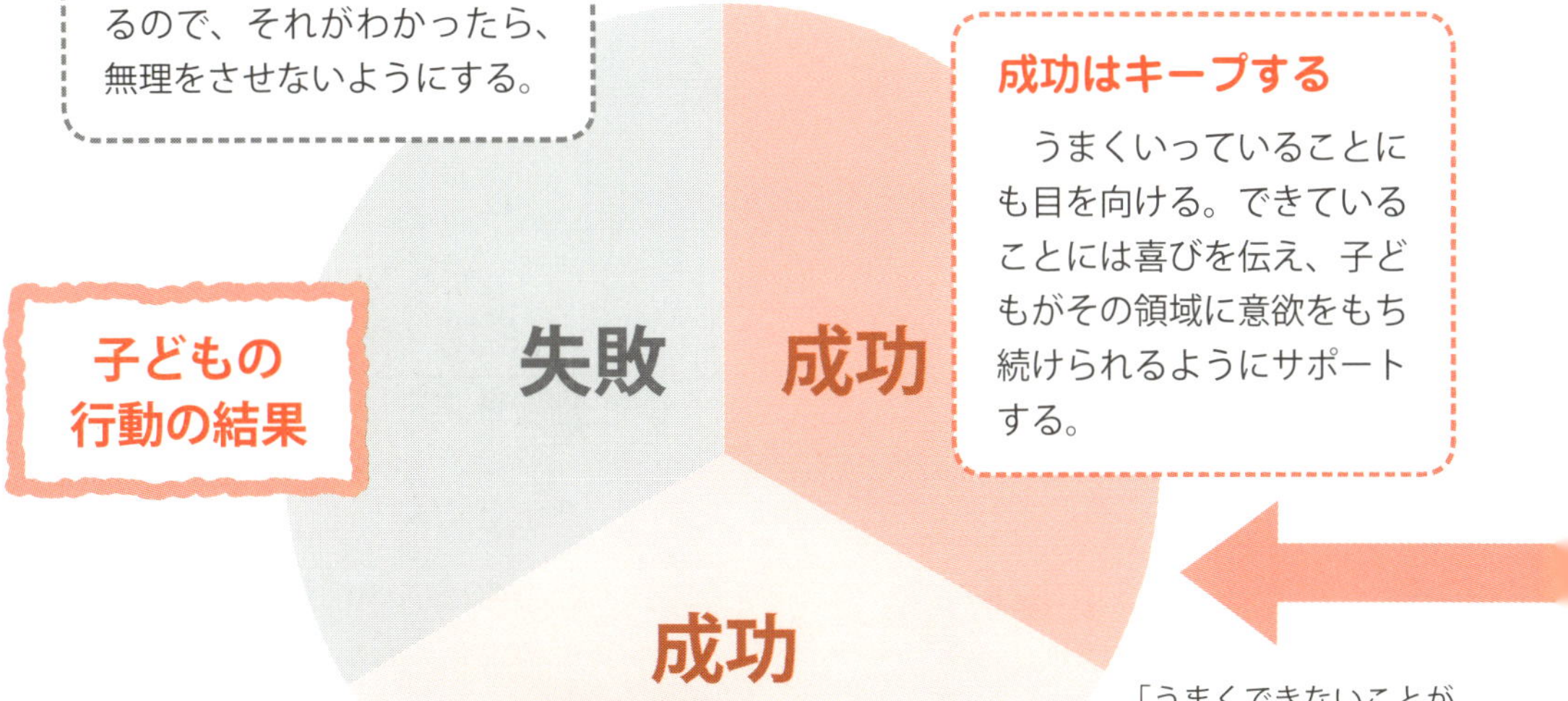

成功はキープする

うまくいっていることにも目を向ける。できていることには喜びを伝え、子どもがその領域に意欲をもち続けられるようにサポートする。

人を頼って成功する

失敗しがちなことのなかには、保護者が手助けをすればうまくいくことも多い。子どもを手伝い、成功体験を増やす。

「うまくできないことがあっても、親に相談すればどうにかなる」という気持ちを育てていきたい

目標を立てる

ほとんどできていることを目標に

どうして？

一般的な目標では難しい

発達障害の子は得手不得手がありながらも、その子なりに発達していきます。そのペースを理解せず、一般的・平均的な目標を設定すると、子どもにとっては難題となり、その子を苦しめてしまうことがあります。

特性があって苦労している

さまざまな特性があるために、年齢相応の生活スキルが身につきにくく、苦労している

平均点がとりにくい

「なにごとも平均的に」「同年代の他の子と同じように」という目標は達成しにくい

「そろそろ」などのあいまいな言い方は通じにくい。同年代の子が同じ言い方を理解できるからといって、それと比べて理解できないことを責めるのはよくない

どうやって？

成功しやすい目標設定に

一般的な発達の目安にとらわれず、その子のペースに合わせた見通しをもちましょう。子どもの得意・不得意を把握したうえで、その子が成功しやすい目標を設定します。

なにを目標にするか
できること
ほとんどできていること
もう少しで、できること
大人に言われたらできること
まだ難しいこと
未経験のこと

○ その子がほぼできていることを

目標としたいことをリストアップ。そのなかで子どもがすでにほぼできていることを目標にする。他のことは次回以降の課題に

× 難しいことを練習させがち

保護者は、子どもにとって「まだ難しいこと」や「大人に言われたらできること」を最初から目標にしがち。それでは達成感が得られにくい

カーペットを掃除することが好きで、ある程度できているなら、それを目標として設定する

簡単なことから「スモールステップ」で

ほぼできていることを目標にして、練習にとりくんでいると、その活動が確かな生活習慣として定着していきます。

もともとある程度身についていたことですから、小さな歩みです。しかし発達障害の子どもにとっては、そのくらいの速度のほうがよいでしょう。着実に、成功しながらとりくんでいけます。

苦手分野は人を頼ってもよいことに

どうして？

失敗は悪循環を招く

何度やってもうまくいかない状況では、子どもは活動への意欲を失い、孤立していきます。失敗しやすい苦手分野では、ひとりで無理をしないように支えていきましょう。

スポーツでいつも失敗していると、参加すること自体がこわくなっていく

苦手で失敗しやすい

発達障害の特性があり、苦手分野では、失敗しやすい

さけるようになる

努力しても失敗することがわかってくると、子どもはその活動をさける

孤立して人を頼れなくなる

活動をさけるうちに孤立していき、人を頼る機会も失われていく

子どもがボタンをうまくとめられず、話しかけてきたら、手助けする

どうやって？

苦手なことでは無理させない

子どもが苦手な分野にとりくんでいるときには、失敗が増え、なにをするにも時間がかかるようになりがちです。保護者のほうから積極的にサポートをしましょう。子どもから相談されたり頼られたりしたとき、その期待に応えることも大切です。

苦手分野を把握する

保護者が、子どもの苦手としていることを把握する。失敗の多さがひとつの目安になる

人を頼ってよいことに

苦手分野では、保護者やまわりの人に相談し、手伝ってもらってもよいのだと伝えておく

子どもが失敗をおそれなくなる

子どもが「失敗しても相談すればいい」と考えはじめ、失敗をこわがらなくなっていく

時間がかかるかどうかも目安

発達障害の子は、苦手なことでも時間をかければできるときがある。反対にいえば、「できてはいるが時間がかかること」も、その子の苦手なこと。

苦手なことは誰にでもある

苦手なことがあるのは、発達障害の子だけではありません。大人でも、どうしてもうまくできないことはあるでしょう。

大人はそういう難題に直面したとき、無理をせず、他のことで済ませたり、人のたすけを借りたりしているはずです。

子どもが苦手な分野で人を頼ろうとしたときには、気持ちよく応じるようにしてください。

保護者が手助けする

集団生活のルールを日常生活のなかで示す

どうして？

家庭での習慣が集団生活に出る

　発達障害の子は、家庭で身につけた習慣を、外出先でも同じように実践しがちです。家庭生活のなかで、社会では好まれない習慣を身につけると、それが集団生活のなかで出てしまうことがあるのです。

家庭で「特定の手伝いをするとお金がもらえる」という決まりをつくると、それが子どもの行動規範になり、それ以外のことを手伝わなくなることがある

家庭でよくない習慣を身につける

「お礼を言わない」「先生の悪口を言う」など、よくないことが家庭で習慣になっている

外出先でも同じことをしがち

家庭で身につけたよくない習慣が、外出先でも出てしまう。トラブルのもとになる

どうやって？

保護者が日常生活を見直してみる

「家庭は社会の縮図」と考え、家庭内でも、社会で通用するルールやマナーですごすようにする

子どもが保護者の習慣を身につける

保護者の日頃のふるまいが、子どもにも習慣として身についていく

保護者が日常的によい習慣を意識する

よい習慣をスキルとして教えようとしても、なかなかうまくいきません。教えこもうとするのはやめましょう。集団生活のなかで役立つルールやマナーを、よい習慣として、保護者が日常的にとり入れてみてください。

よい習慣の例

- 約束の時刻に間に合わなかったら、子どもの前で保護者が「遅れてすみません」と言う
- ちょっとした手伝いにも「ありがとう」と感謝を伝える
- 適切なタイミングで「ごめんなさい」と謝罪する
- 困っている人をみたら「手伝うよ」と声をかけ、手を貸す

子どもの頭のタンスによい習慣を知識として少しずつためこんでいくイメージ

空気は読めなくてもトラブルは減る

対人関係の機微を読みとることが苦手な子は、場の空気を読んで行動することが、なかなか身につきません。

しかし、一定のルールを覚えて守ることは得意です。ルール習得によって、集団行動のトラブルを減らすことはできるのです。

保護者が手助けする

子どもの興味やペースを尊重する

どうして？

課題の克服をめざすと苦しくなる

子どもが生活上の課題にとりくんでいるとき、保護者がそれを「一定の年齢までにクリアしなければならないもの」「早く克服すべきもの」だと考えていると、子どもも保護者も苦しみます。

×

克服を目標に

保護者が課題の克服を意識している。子どもが失敗していても、練習すればクリアできると考えている

○

子どものペースを尊重する

課題を過度に意識しない。それよりも、子どもの発達のペースや意欲、自律性、興味を尊重する

子どもが風船やコマなどの遊び道具に興味をもっていて、その遊び方がわからず困っていたら、遊びを手伝う。そういう日常的なやりとりが、発達につながっている

どうやって？

子どもの興味に大人が合わせる

保護者が一方的に目標を設定するのではなく、子どものペースや興味を尊重しながら、課題にとりくんでいきましょう。子どもの日頃の遊びに興味をもち、いろいろと聞いてみると、その子が楽しめることがみえてきます。

カードゲームが好きな子なら、「わからないときは友達に聞く」という経験を積むことができる

子どもの興味を聞く

どんなことに興味があるのか、そのことのなにが好きなのか、子ども本人に聞いてみる

保護者があせらない

年齢相応の発達がみられなくても、保護者があせらないようにする。その子のペースを尊重する

日常的なやりとりを大切に

買い物や料理など日常的な場面でも、成功体験を積むことができる。日々のやりとりを大切にする

「親子でいっしょにホットケーキを焼くこと」も、人を頼って成功する経験のひとつ。楽しみながらよい経験ができる

専門家に相談しながら

発達障害の子に、年齢相応の総合的な発達を求めても、苦しめてしまうだけ。支援機関などで専門家に相談し、子どもの発達段階を理解しながら、対応していきたい。

保護者が手助けする

親子で感想や意見を伝え合う

どうして？

結果だけでなく過程もみたいから

発達障害の子は、失敗したり叱られたりすると、それしか考えられなくなってしまうことがあります。努力した過程や、できていたことに目が向きにくいのです。保護者がそれを言葉にして、伝える必要があります。

がんばったけど結果が出なかった

自分でも努力し、まわりの人に手助けしてもらっても、よい結果が出ないことがある

「失敗」という結果だけが心に残る

失敗という事実、叱られたときの言葉だけが記憶に残り、自己否定的になっていく

1日のほとんどを楽しくすごしても、最後に友達とケンカをすると、そのつらい記憶にとらわれてしまう

どうやって？

ポジティブな感想をはっきりと伝える

　発達障害の子は、なんでもはっきり示してもらえないと、情報として見逃してしまう傾向があります。まわりの人が遠回しな言葉や表情、態度などで子どもを励まそうとしても、本人にはなかなか伝わらないのです。

子どもの話を聞きながら、できていることを言葉にしていくだけでもよい

子どもに伝えたい言葉の例

- かっこいい、すてきなど、子どもを評価する言葉
- うれしい、ありがとうなど、保護者の気持ちを表現する言葉
- ドンマイ、まぁいいかなど、失敗の意味をやわらげる言葉

がんばった経過をほめる

たとえ失敗だとしても、よい側面もあったことを、保護者が具体的に言葉やメモなどにして子どもに伝える

励ましが子どもの心に残る

ポジティブな感想や意見が、子どもの心に「励まし」「評価」として残る。その積み重ねが子どもの自己評価を高める

恥ずかしくても喜びをはっきりと形に

　大人は、失敗を言葉ではっきり注意することを重要視しがちです。言わなければ、相手が問題を改善できないと考えるのです。

　いっぽうで、成功をわざわざ言葉にするのは野暮ったいという考え方も、よくみられます。喜びはひとり心の中でかみしめるもので、大っぴらに表現するのは恥ずかしいという意識です。

　しかし、恥ずかしくても喜びをそのつど言葉にしなければ、発達障害の子どもには伝わらないのだと理解してください。

保護者が手助けする

自信がバブル化しないようにほめる

どうして？

仮想的有能感

成功や成長を実感し、自分を信じられるようになるのが本来の自信。その過程をへず、間違ったほめ方で獲得する有能感を心理学用語で「仮想的有能感」という。自信のバブル化であり、ちょっとした失敗や挫折で破裂する。

間違ったほめ方では間違った自信がつく

子どもをほめるのは基本的にはよいことですが、他の子と比較してほめることはさけましょう。そのようなほめ方では、本来の自信ではなく、仮想的な有能感が育ってしまいます。

自信がふくれ上がる

子どもは達成感をもてないまま、他の子に対する優越感として自信をもつ

小さな失敗で破裂する

比較で育てられた自信は、失敗して他の子に負けたとき、簡単にこわれてしまう

他の子と比べてほめる

得意なことも苦手なことも、他にもっとできていない子と比べてほめる

ホームビデオをみながら、いまの姿と以前の姿の違いを具体的に確認してほめるのもよい

どうやって？

その子の成長や変化をほめる

他の子と比較するのではなく、子ども本人の以前の姿と比較して、成長や変化、努力などをほめましょう。できること、得意なことを実感でき、自己理解が深まります。

その子自身の変化をほめる

「歯みがきを練習している」「自分からあいさつをした」など、トライしていること、できたことをほめる

↓

できることがみえてくる

子どもが、自分の力でできること、得意なことを具体的に理解する。実感をともなって自信が育つ

↓

できないこともみえてくる

自信をもつことで、自分には難しいこともわかってくる。できないことを認める余裕もできる

↓

自己理解が深まり、安心する

できること、できないことが把握でき、自己理解が深まる。見通しがもてて安心する

成長にはあきらめも必要

子どもはみんな、幼い頃はなんでも自分でできると思っている。成長するにつれて、自分には難しいことを少しずつ理解し、ほどよく断念して、健全な自己を形成していく。その点は発達障害のある子も、そうでない子も同じ。

column

父親が理解してくれない場合は

父親が子どもに厳しくしてしまう場合

一〇ページや二六ページのマンガに登場した父親のように、家族のなかに発達障害の特性を理解せず、子どもに厳しくしすぎてしまう人がいると、トラブルが起こりがちです。

その場合には、マンガで母親が父親の小言をうまくフォローしていたように、対応していきましょう。一一ページのように、あとで子どもを励ましたり、二六ページのように、父親が子どもを叱ろうとしたときに間に入ったりすることで、トラブルが減らせます。

根気よく理解を求めていく

発達障害の特性を理解してくれない家族がいて困っている場合には、根気よく説明し、理解してもらいましょう。

最初は、とくに問題となりやすい「強い叱責」や「高い目標設定」、「努力の強要」などをしないよう、家族に協力を求めることからはじめてみてください。なぜそれらの行為が問題になるか、背景も説明するようにします。

うまく説明できないときには、医療機関や支援機関の協力を求めるのもよいでしょう。専門家から家族へ、発達障害のことを説明してもらうのです。専門家の話であれば、家族も耳を傾けやすくなることがあります。

対立せずにうまくフォローする

- 家族には「一方的に高い目標を設定しない」など、重要なことをまず伝える
- 家族が子どもを強く叱責しようとしたときには、間に入って双方をフォローする
- 医師などの専門家のたすけも借りて、家族に発達障害への理解を求める

STEP 3
興味をいかして「家庭内で役割をもつ」

生活が安定し、失敗が減って自信が育ってくると、

子どもが自分でやりたがることが増えてきます。

その興味や意欲をいかして、

子どもになにか役割をもってもらいましょう。

役割をもつことで、その子の自信がさらに強くなります。

マンガ

役割を果たすことで「自信」が育つ

でさーっ
昨日、家族で大恐竜展行ったんだよね
へーっ
いいなーー
ティラノとかいた？
ばーん
ティラノサウルスもいいんだけどさ
おおー!!
実物大のスティラコサウルスとかケラトサウルスとかすごかったんだよ!!
スティラコ？
しらない
それでさそれでさ
キーンコーンカーン
授業はじまるよ！
あ、うん
またあとで聞かせて
うん

子どもが成功体験を積み、興味や意欲をみせるようになったら、その気持ちを尊重し、なんらかの役割をもたせましょう。友達にも尊重してもらえると、よりいきいきとすごせます。

子どもの興味と役割を尊重する

得意分野や興味をいかして自己理解を深める

子どもの苦手なことを支援し、失敗を減らすのも重要ですが、その子の得意なことを理解し、伸ばしていくのも重要です。

得意分野は多くの場合、特定の部分に突出してみられます。趣味の知識が年齢以上に豊富だったり、運動が好きで、いつでも臆せず体を動かせたりするのです。

その特徴を保護者が把握し、理解して、生活のなかでいかしましょう。子どもの興味を家事などの作業にとり入れ、その子の役割にするのがよい方法です。子どもは役割を果たして達成感を得ながら、自己理解を深めます。レジリエンスも高くなっていきます。

「○○ができない子」になりがち

発達障害の子は、得意なことよりも苦手なことに目を向けられがちです。苦手なことでは失敗しやすく、指導や注意を受けてもなかなか改善できなかったりするため、その点がとくに目立ってしまうのです。

対人関係など、苦手としていることでの失敗や問題が多い

子どもは自分なりに努力してもうまくいかず、苦しんでいる

保護者は何度も注意しているが、改善されないので困っている

保護者やまわりの大人は「この子は○○ができない子」などと考え、子ども自身も「自分はダメだ」などと感じてしまう。苦手なことがその子の一番目立つ特徴となっていく。

ものを並べたり比べたりするのが好きな子は、靴の整理を役割にすると、意欲的にとりくめたりする

興味と役割に目を向ける

失敗を減らし、成功を増やすように支援していくと、子どもの自己理解が深まります。そして子どもは興味や意欲をみせるようになり、役割を果たそうという気持ちもみせたりします。そこに目を向け、サポートしていきましょう。

子どものできていることをみる

いまできていることに目を向ける。理想や目標ばかりではなく、子どもの現在位置をみる

子どもの興味に目を向ける

子どもが興味をもっていることに、保護者が興味をもつ。それを生活習慣のなかでいかす

役割を果たせるようサポートする

家事などの作業に興味を示したら、それをまかせてみる。成功できるようにサポートする

長所をはっきりと言葉にする

子どもの興味や役割、得意なことを明確に、くり返し言葉にして、その子に伝え続ける

子どもの興味や役割に目を向けることで「この子は○○が好きな子」などと理解できる。失敗や苦手なことではなく、できることを中心にして生活を組み立てられるようになっていく。子どもも「私は○○が得意」と自覚できる。

子どもが選ぶ

子どもに選択肢を示し、選ばせる

どうして？

「上着を着る」という選択をしたのなら、暑くて上着が不要になっても自分でもつ

選ぶことが自己形成につながる

子どもの好奇心をほめているだけでは、自信はなかなか育ちません。子どもが興味をもつことについて選択肢を示し、どちらかを選んでもらいましょう。子どもが自分で選んだことには責任をもたせます。責任をもたせるからこそ、達成感も得られるのです。

自分で選んで決める

「どの服を着るか」「次の休みの予定」など、日常的なことを子どもが自分で決める

決断の責任をもつ

子どもが自分で決めたことには、責任をもつ。結果がどうあれ、自己形成につながる

どうやって？

食事のように、どちらになっても保護者の負担にならない、気軽な選択肢を用意するとよい

価値の等しい選択肢を示す

選択肢は、無理がなく、価値に差がないものを用意しましょう。子どもがどちらを選んでも、保護者の負担にならないことを示すのです。

実現できること

費用のかかる旅行や手のこんだ料理などを選択肢にすると、保護者があとで困る。手軽に実現できることにしたい

優先順位をつけない

保護者がどちらかの選択肢に肩入れしていると、子どもが察してそちらを選ぶことがある。価値の等しいものに

ときには立場を反対に

慣れてきたら、選択肢を示したうえで、保護者が決めることがあってもよい。子どもに選択肢を用意してもらい、保護者が決めるのもよい

親子関係の見直しにもなる

食事や遊びなど気軽なことを選び合う経験は、親子の間の関係づくりにもつながっています。

親子で衝突が多く、ぎくしゃくしてしまっている場合でも、食事の献立を選ぶことであれば、対立せずにやりとりできたりします。「お肉が焼けたよ」とだけ言い、食べるかどうかを子どもに選ばせることにしてもよいでしょう。

選ぶ経験によって子どもの自己形成が進めば、親子関係の安定につながっていくのです。

子どもが選ぶ

保護者はディレクターから黒子へ

どうして？

どちらもなかなか離れられない

発達障害の子は、親離れするのが平均よりも遅いといわれています。そして保護者の側も、子どもが心配で、なかなか子離れできない傾向があります。その結果、保護者がなんでもお膳立てしてしまい、子どもが自分で選ぶ機会が増えません。

保護者は子どもが心配

子どもが社会生活に適応できるようになってきても、心配はなかなか消えない

子どもは保護者を頼りに

学校の先生や友達よりも保護者を頼り、信じる傾向がある。思春期にも親離れしにくい

↓

親離れも子離れも遅れがち。それが自己形成の遅れにもつながる

思春期になっても保護者を頼ってくれるため、なかなか子離れできない

「誕生日からはひとりでお風呂に入ってみよう」と事前に予告し、その日から本人にまかせてみる

どうやって？

ルールをゆっくりと変えていく

親離れ・子離れの遅れに気づいたからといって、生活を一気に見直そうとすると、子どもが混乱します。支援の仕方を見直し、それをルールとして子どもに伝えて、関係を少しずつ変えていきましょう。

幼児期はディレクターに

子どもがまだ幼いうちは、保護者がディレクターのようになってもよい。選択肢やルールを用意し、それを子どもが守れるように積極的に支援する。

10歳頃から黒子に

10歳くらいになったら、保護者は黒子のように、陰で子どもを支える役に。選択肢やルールを用意したら、あとは子どもが選び、実践する様子を見守る。

ルールを明確に示す

それまで支援していたことを変更する場合、ルールが変わることを子どもに話し、合意を得ておく

予告して少しずつ変える

ルールを急に変えることはさける。必ず事前に予告し、少しずつ変更する。その子がわかりやすい方法で伝える

定型発達の子と親離れの時期が違う

定型発達の子は、小学校に入る頃には物心がつき、自分の希望を表現したり、まわりに注意を向けたりできるようになります。その頃から、保護者よりも友達とともにすごす時間が増えていきます。

発達障害の子は、それが小学校高学年くらいです。自己形成がゆっくり進むため、物心がつくのも遅いのです。これも、親離れの遅さの一因だと考えられています。

役割を決める

家事を手伝ってもらうのがよい

どうして？

家事は役割にしやすい

子どもの興味を役割にいかしたいときには、家事を活用しましょう。家庭内のことなので、すぐにはじめることができ、調整も比較的簡単です。家事は役割として継続しやすいのです。

洗濯物をたたむことなら、今日からでもはじめられる

すぐにはじめられる

はじめたいと思った日に、すぐスタートできる。お金もかからない

中止も調整も簡単

うまくいかないとき、保護者が手助けしたり、中止したりするのも簡単

↔

子どもの興味に合っていても、特別な場所や道具を必要とすることは、続けるのが難しい

どうやって？

幼い頃は、ごく簡単なことから

小学校低学年くらいまでの幼少期には、簡単な家事を、子どもができる範囲でまかせることからはじめましょう。最初から「役割」「責任」と考え、重要な作業を担当させると、過度の負担になってしまいがちです。

毎朝、居間のカーテンを開けるのが子どもの役割。そのくらい簡単なことからはじめたい

小学校低学年までの役割の例

- 新聞を新聞受けからとってくる
- 朝、起きたらカーテンを開ける
- 食事の前に、テーブルをふく
- 食事が終わったら食器を台所へ運ぶ
- 衣服を脱いだら洗濯カゴへ入れる

子どもの様子をよくみる

どんな家事なら子どもが意欲をもってとりくめそうか、その子の様子をみながら考える

簡単なことを役割にする

本人の意見も聞きながら、役割を設定する。子どもが簡単に達成できそうなことにする

うれしい気持ちを伝える

子どもが家事をしてくれると、家族みんながうれしいということを言葉で伝える

失敗しても責めない

失敗して役割を果たせなくても、責めたりしない。またとりくめるように励まし、保護者が工夫する

役割を決める

家族で相談して家事を分担する

どうして？

役割意識が育つと、学校でも自分から作業をやりたがったりするように

子どもの成長に合わせて調整する

子どもは家事を自分の役割とすることに慣れてくると、他の家事にも興味や意欲を示したりします。その様子に合わせて、子どもの役割を調整しましょう。本格的な家事も徐々にまかせていきます。

役割が定着していく

家事が子どもの役割として定着。保護者が声をかけなくても、作業を完了できるように

より主体的な活動に

子どもの希望に合わせて作業を調整することで、その子の主体性が伸びる

どうやって？

ゴミを出すことのように、より重要な作業をまかせる。子どもを一人前としてあつかいはじめる

1～2年たったら本格的にまかせる

簡単な家事が定着して1～2年たち、子どもの意欲が伸びてきたら、もう少し本格的なこともまかせてみましょう。子どもが役割を果たしてくれないと、家族が困るくらいのことを分担してみます。

子どもの希望を聞く

実践できている家事を参考にして、本格的な家事分担をはじめる。いくつか選択肢を示し、子どもに選んでもらう

曜日や作業を明確に示す

子どもが担当する曜日や作業内容をメモや図、写真などで明確に示す。保護者から提案し、合意が得られたら決定とする

小学校中学年以降の役割の例

- 毎晩、食後に食器を洗う
- 毎日、洗濯物をたたみ、タンスへ入れる
- 生ゴミの日にゴミを出しに行く
- 数日に1回、買い物へ行く
- 週末に風呂掃除をする

ASDの子に合う家事、ADHDの子に合う家事

子どもによって、興味をもてる家事は異なります。子ども一人ひとりの様子を観察し、話をよく聞いて、家事を設定しましょう。

ASDの子には、整理整頓のような規則的な作業が向いています。ADHDの子には規則的なことよりも、体を動かすことがよいでしょう。おおまかな作業でよいことにして、多少のミスには目をつぶるようにします。

ストレングスを探す

子どもの長所をあえて言葉にする

どうして？

本人がなかなか自覚できない

　発達障害の子は、自分の長所や短所を客観的に理解するのが苦手です。叱られ続けて短所ばかり意識するようになったり、反対に、長所というほどでもないことに過度の自信をもったりして、自己認識が周囲からの評価とずれてしまいがちです。

保護者が何気なく話していることが、子どもの自己認識となっていく

自分ではよくわからない

長所や短所が自分ではよくわからない。自分を他の子と比べるのがうまくない

小言が頭に残りやすい

叱られた言葉が記憶として残りやすい。その言葉で自己評価がかたまってしまう

作業が多少粗くても、それは言葉にせず、よくできたところをほめるのがポイント

どうやって？

野暮だと思っても、あえて言葉に

子どもの長所をいちいち言葉にするのは野暮ったく感じるかもしれませんが、あえて話すようにしてください。一つひとつの言葉が子どもの自己認識を変え、その子の力となっていきます。

何度もくり返し伝える

子どもがうまくできたときはそのつど、言葉でほめる。同じことでもくり返す

長所をあえて言葉にする

「大きな声であいさつできたね」という具合に、長所をあえて具体的に言葉にする

視覚的に示すのもよい

なかには、聞いて覚えるのが苦手な子もいる。そういう場合はメモを書いて渡したり、うまくできるたびにシールを貼ったりして、長所を実感しやすくする。

そもそもストレングスとはなにか

ストレングスとは、英語で強さや長所のこと。子どもにかぎらず、人のすぐれた一面を探して伸ばすときに「ストレングスを育てる」というふうに表現します。

ストレングスとレジリエンスは同様のものだと誤解されやすいのですが、意味は異なります。レジリエンスは強さではなく、しなやかさ。ストレングスを育てるだけでは、レジリエンスは育ちません。ソーシャルサポートなど、他の要素も必要です。

ストレングスを探す

テレビゲーム以外の趣味を尊重する

どうして？

運動が好きなので水泳教室に通い、仲間をつくった。趣味が一致しているので、多少のトラブルは気にならない

趣味は長所としていかしやすい

子どもの趣味を尊重することは、その子の興味や長所を承認することにつながりやすく、自信を深める一因となります。ただし、テレビゲームのように、ひとりで過度に熱中してしまう趣味はさけたほうがよいでしょう。

子どもの興味や趣味を認める

珍しいことや手のかかることでも、基本的には趣味を認める。活動をサポートする

テレビゲームやアプリはさけたい

テレビゲームだけが趣味になると、過度に集中して他のことに時間を使えなくなりがち

野生のきのこが好きで、みたり調べたりすることが趣味になる子もいる。遠出することの練習としていかせる

どうやって？

趣味を通じて活動を広げたい

趣味の活動は、ストレス解消の習慣として活用できます。また、教室に通ったりサークルに参加したりすれば、対人関係を広げるチャンスにもなります。子どもの気持ちを聞きながら、趣味をいかしていきましょう。

趣味を尊重するのが基本

活動を広げることが目的になると、趣味にならない。まずは趣味として尊重する

できれば社会的な活動に

趣味で仲間ができ、やりとりが生じるようなら、それがうまくいくように支援する

テレビゲームは気分転換にする

対人関係につながらない趣味は、気分転換として楽しむ。他の趣味ももつ

個人的に楽しむのもよい

趣味が対人関係につながらなくても尊重する。ストレス解消法としていかす

テレビゲームをどう考えるか

テレビゲームを気分転換にするのも悪くはないのですが、時間やお金をかけすぎないようにしたいもの。そのために、家庭を社会の縮図として考えてみましょう。

ゲーム機やタブレット機器など高価なものを使ってゲームをする場合には、基本的に、その機器は保護者のものとします。社会と同じように、お金を稼いだ人がものを買い、所持するのです。

子どもがテレビゲームをしたがるときには、相談したうえで、機器を貸し出します。保護者の持ち物ですから、使用時間も保護者が決めます。それなら、ゲームに時間やお金がかかりすぎません。

高額なものは簡単には手に入らないということを示す

↓

テレビゲームを通じて、おおまかな金銭感覚を養える

column

有名人やキャラは目標になるか

ＡＳＤの子の多くは人を目標にしない

レジリエンスを育てる方法のひとつに、特定の人を目標にすることがあります。心がしなやかだと感じられる有名人やキャラクターを模範として、自分の行動を見直すのです。

この方法が合う子もいますが、発達障害の子、とくにＡＳＤの子では、難しいことがあります。ＡＳＤの子は人物の特徴を把握し、自分と比べて参考にすることは苦手です。人物よりも、具体的な行動を目標にしたほうが、理解しやすいのです。

親や支援者はよい例を参考にしたい

子ども本人が他の人を目標とすることは合わない場合がありますが、親や支援者にとっては、よい例が参考になります。

レジリエンスの高い有名人を参考にするのもよいのですが、発達障害がある子どもで生活が安定しているケースや、立ち直ることが上手なケースのほうがより参考になるでしょう。

当事者団体などで安定している子どもと出会えたら、その子の受けている支援や、その子の活動をみて、よさそうなことはとり入れてみましょう。

人物を目標にする場合

ADHD や LD の子は、発達障害がある有名人を目標にしてうまくいくことがある

- 発達障害を公言しているビジネスパーソン、スポーツ選手、俳優などの存在を励みにする
- 著名人の子どもの頃のエピソードを参考にする

行動を目標にする場合

ASD の子は人物よりも具体的な行動を目標に。他の人の行為をみて覚えることはできる

- 信頼している先生の話し方を目標に。丁寧な話し方が身についていく
- 「就労して給料の 3 分の 1 を貯金する」など具体的な目標を立てる

STEP

4

サポートを受けて「気持ちを切り替える」

自己理解を深め、支援を受けながら活動していても、

失敗したり、イライラしたりすることがあります。

そういうとき、家族や専門家、友達などから

「ソーシャルサポート」を受けている子は、

気持ちを切り替えることができます。

「心」がしなやかになっていく

発達障害の子は、自己理解を深めたり、家族や友達、先生などまわりの人のサポートを得たりすることで、ひどく落ちこむことが減っていきます。レジリエンスが高まっていくのです。

感情のコントロールではなく切り替え

感情のコントロールは難しくて当たり前

子どもが感情を調整できれば、レジリエンスがより高くなります。しかし、気持ちを制御するのは、大人でも難しいこと。子どもには難しくて当たり前です。

感情の調整以前に、まず子どもが家族や発達障害の専門家、友達、先生など、まわりの人からの支援、「ソーシャルサポート」を得ることが重要です。

まわりの人からのサポートを得たうえで、その人たちに手伝ってもらいながら、気持ちを整えていきます。そのときにも、「調整」や「制御」と難しくとらえるのではなく、「気持ちを切り替える」というふうに考えてみてください。

コントロールは大人でも難しい

15ページで解説した通り、感情を調整できることが、レジリエンスを構成する要素のひとつです。しかし、それは発達障害の子が苦手とすることであり、さらにいえば、大人でも難しいことです。

大人でも、失敗すれば落ちこむ。気分はなかなか変わらない

発達障害の子は感情調整が苦手

そもそも発達障害の子は感情をコントロールすることが苦手。衝動性が強い子もいる

経験豊富な大人でも簡単ではない

とくに障害がなく、さまざまな経験を積んだ大人でも、感情の調整は簡単ではない

切り替えるだけでもよい

感情の調整、コントロールと考えると難しくなります。もっと簡単に、ちょっとした切り替えだと考えてみましょう。落ちこんだとき、イライラしたときに、気持ちを少し切り替えることができれば、ずいぶん楽になります。

不安で落ち着かないとき、爆発しそうなときに、深呼吸をすると気持ちが切り替わりやすい

サポートを得る

家族や友達など、まわりの人に特性を理解してもらい、サポートしてもらう。困ったとき、落ちこんだときに頼れる相手ができていく

気持ちが切り替わる

失敗して、落ちこんだりイライラしたりしても、その気持ちを引きずることが減る。うまくいかなくても、気持ちが切り替わるようになっていく

気づくだけで十分

最初は自分のイライラや怒りに気づくだけでも十分。幼少期はそれさえも難しいので、くれぐれも無理をさせないで。

落ちこむことが減っていく

気持ちを切り替えられるようになり、ひどく落ちこむことが減っていく。自己理解とサポートによって、レジリエンスが高まった状態に

サポートを受け、気持ちを切り替える体験を通じて、自分の怒りやイライラを意識できるようになり、深呼吸などをして気持ちを切り替えられるようになる子もいる

仲間をつくる

「ソーシャルサポート」を築いていく

どうして？

個人の力には限界がある

成功体験を積むことで、社会生活に適応しやすくなるのは事実ですが、子ども個人でできることには限界があります。苦手なことがなくなるわけではないので、ソーシャルサポート（社会的な支援）を得ることが必要です。

どんなに成功体験を積んでも、大勢でいっしょに行動するときにあわててしまうことはある

サポートを得てできること

特性に合った生活でも、失敗や挫折をすることはある。そのとき他の人が支えになる

個人でできること

自分の特性を理解すること、それにそって生活を組み立てることは、個人でもできる

集団行動であわてたときに、声をかけてくれる友達がいることが「ソーシャルサポート」になる

どうやって？

頼れる相手を数人つくる

子どもが頼れる相談相手をもてるようにサポートしましょう。子どもに、学校や地域社会でも困ったことがあったらまわりに相談するよう、伝えます。相談するときの話し方やタイミングなどを教えるのもよいでしょう。

学校では先生や友達に相談

学校生活で困ったときには先生や友達を頼りに。相談相手は少人数でかまわない

家族がサポートの主体になる

子どもが自力でソーシャルサポートを得るのは難しい。家族が家庭でサポートするとともに、外出先での相談の仕方を教える

地域社会にも居場所がほしい

医療機関や支援機関、習い事の仲間、隣近所の家族など、地域に相談相手がいると心強い

4つの方法でサポート

子どもへのサポートには愛情を示す「情緒」的な方法のほかに、役立つ「道具」や「情報」を提供する方法や、子どもに見合った「評価」をする方法もある。

「尊重されている」という実感が欠かせない

ソーシャルサポートでは、サポートの仕方よりも、子どもの気持ちのほうが重要です。子どもが「自分は愛されている」「尊重されている」と実感できるようにサポートしましょう。

尊重されていると実感できれば、子どもは困難な状況に陥ったとき、まわりの人がたすけてくれるという確信をもつことができ、人を頼る意欲がもてるのです。

休日に参加できるグループを探す

どうして？

子どもも親も楽になる

　余暇を楽しくすごせるグループを探し、そこで交流することも、ソーシャルサポートの一環になります。子どもも保護者も、日頃の課題から離れてのびのびとすごすことで、気持ちが楽になります。発達障害の当事者団体がよいでしょう。

発達障害の当事者団体で電車好きの友達と出会い、休日を楽しくすごせるようになった

子どもの居場所に

学校や地域社会になじめないとき、趣味のグループなどに参加できると、そこが居場所になる

保護者の相談相手に

保護者にとっても、家族以外に発達障害のことの相談相手ができるなど、よい交流の機会になる

当事者団体では、特性を理解している人たちどうしで活動できるため、集団行動が苦手な子でもボーリングなどの活動に適応しやすい

どうやって？

口《くち》コミで近隣のグループを探す

発達障害の当事者団体は各地で活動しています。支援機関で問い合わせたり、発達障害の子を育てている他の家族に聞いたりして、近隣のグループを探してみましょう。

地域の当事者団体へ参加

全国に当事者団体がある。ウェブサイトをもうけているところも多い。発達障害の子をもつ家族間で情報を共有していることもある

支援機関に問い合わせる

発達障害の子をみている支援機関で、そこに通う家族が会をつくっていることがある。問い合わせると教えてもらえる場合がある

各地にグループがある

発達障害の当事者団体は全国各地にある。障害種別、年齢別、地域別などさまざまな特徴があるので、詳細は各団体に確認する。

当事者団体でできること

当事者団体は、発達障害の子ども本人とその家族、支援者らの交流の場となっています。

団体によって活動の内容は異なりますが、一般的には、発達障害支援に関する情報交換や、レクリエーション活動、勉強会などがおこなわれています。

当事者団体の活動に参加することで、発達障害への理解を深めるとともに、交流する体験を積むことができます。

仲間をつくる

相性のよい子とコンビで活動する

どうして？

コンビだと関係が深まりやすい

個人で活動すること、グループに参加することには、それぞれによい面があります。その他に、仲のよい子とコンビを組んで活動すると、また違った経験を積むことができます。1対1の人間関係のつくり方が学べるのです。

コンビを組むと、空気を読むのが苦手な子も、相手の気持ちに意識が向くようになる場合がある

個人活動のよさ

子どもを保護者がきめ細かく支援できる。しかし保護者はサポート役なので仲間にはなれない

グループのよさ

個別の課題をこなすことには向かないが、仲間と出会ってリラックスする機会になる

コンビのよさ

グループ活動よりも人間関係が深まりやすい。その分、活動の制約も多くなる

どうやって？

保護者が協力して交流の機会をつくる

コンビを組む相手は、子どもと同様の特徴をもっている子がよいでしょう。発達障害の当事者団体などで仲間をつくり、そのなかで相性のよい子と活動をともにするというのが、ひとつの方法です。保護者が主体的にそういう相手や機会を探しましょう。

活動内容にはとくに決まりはない。「公園へ遊びに行く」など、日常的な活動をともにすることがよい経験になる

相性のよい子を探す

同じ発達障害がある子どうしは、行動のペースが合う場合がある。当事者団体などでそういう相手を探す

保護者もつながる

子どもがコンビを組むことができたら、保護者どうしも関係を深め、協力して子どもたちのサポートをする

発達支援プログラム「バディシステム」

コンビ活動を中心にして組み立てられた支援プログラムがあります。「バディシステム」です。

バディとは、仲間や相棒のこと。バディは救助活動などを通じて同じ相手に関わり続けることで、相互理解を深め、より効果的に活動するのです。

バディシステムでは、子どもを二人組にして、バディのような関係性をつくっていきます。二人の子どもは、さまざまな課題や活動に「相棒」とともにとりくみます。

いっしょに活動するうちに、相手を気づかう意識が生まれたり、仲間関係を深めたいという意欲が高まったりします。

相手の気持ちを考え、手を貸すという経験

自分が困ったとき、相手にたすけてもらう経験

楽観性をもつ

3つのキーワードで気楽になれる

どうして?

サポートを受けているからこそ、失敗がつらいという子もいる

自分を責めて悲観的になりがち

うまくいかないことが続き、支援を受けてもその状況が改善できないと、子どもは自分を責め、悲観的に考えてしまいがちです。

自責的になりやすい

「手伝ってもらっても失敗するのは、自分が悪いから」などと考えてしまう

原因探しをしてしまう

失敗の原因を探しはじめ、自分のよくない面にばかり目が向くようになる

うまくいったら、次もきっとうまくいくと信じる。そう考えると楽観的になっていく

どうやって？

成功と失敗をそれぞれ3つのキーワードで考える

心理学者のセリグマンが、ものごとを楽観的に考えるためのヒントを提唱しています。成功、失敗をそれぞれ別々の3つのキーワードでとらえるという方法です。保護者がこの視点をもっていると、子どもを励ますとき、ほめるときの参考になります。

成功したら

うまくいったときには、その結果を喜び、今後も実践できそうだという手応えにする。成功を否定したり、謙遜したりしない

1 **内向的**（予習しておいたのがよかった）

2 **永続的**（この方法で、これからもうまくいきそう）

3 **全面的**（あなたはこの競技が上手だね）

失敗したら

うまくいかないことを全面的に自分のせいにして、いつもそうだと考えるのではなく、今回はたまたま、これだけは苦手だと考える

1 **外向的**（集中できない環境だった）

2 **一時的**（今回はたまたま／まだ慣れていないだけ）

3 **限定的**（この課題は苦手だけど、得意なこともある）

悲観的な人は反対になる

失敗は自分のせいでずっと続くこと、成功はサポートしてもらったからで偶然だと考えていると、考え方が悲観的になる。子どもも保護者も、そういう思考にならないようにしたい

※図はマーティン・セリグマン著、枝廣淳子訳『つよい子を育てる　こころのワクチン』（ダイヤモンド社）を参考に作成。

楽観性をもつ

ネガティブな気持ちを切り替える

どうして？

衝動性はネガティブな気持ちとつながっている

　気持ちの切り替え方が身につかず、ネガティブな気持ちをもてあましていると、衝動的な言動が増えてしまうことがあります。

ネガティブな気持ち

　イライラや怒り、悲しみ、やるせなさなどの感情がつのってしまい、処理しきれない。

気持ちをおさえつける

そんなふうに思ってはいけないと考え、自己否定。無理やり明るく考えようとする

衝動的な行動に

ネガティブな感情が処理しきれず、衝動的な行動として爆発。「逆ギレ」や八つ当たりをしてしまう

やけになってしまう

気持ちをうまく処理できず、自暴自棄になって、課題から逃げたりする

どうやって？

気持ちの切り替えを習慣に

ネガティブな感情が蓄積したり、こじれたりする前に、気持ちを切り替えることを習慣にしましょう。また、考え方の見直しによってネガティブな感情が起こりにくくなることもあります。

ポジティブな気持ち

ネガティブな気持ちがやわらぎ、喜びや楽しさを感じる余裕が出てくる。

気持ちの切り替え

子どもはネガティブな気持ちになっていることを感じたら、自分なりの方法（95ページ参照）で気持ちを切り替える

楽観的に考えるためのヒントを参考にして、トラブルになったときの考え方を書き出してみる。考えを切り替えるきっかけになる

考えの切り替え

悲観的に考えること（91ページ参照）がくせになっていたら、保護者が励まし方やほめ方を工夫して、子どもの考えを切り替える

ネガティブな気持ち

怒りや悲しみなどの感情がなくなることはない。しかしそれ自体は悪いことではない。

ネガティブな気持ちと思いこみの関係

子どもの心に「自分はダメ人間だ」「どうせまた失敗する」といった思いこみがあると、その考えがネガティブな気持ちを生み出すもとになってしまいます。

その場合は、気持ちを切り替えるだけでなく、考えの見直しにもとりくんだほうがよいでしょう。工夫しても難しい場合には、精神科医や心理士などの専門家に相談してみてください。

気持ちの切り替え

「その場を離れる」スキルを教える

どうして？

サイクリングなどの運動をするだけでもよい気晴らしになり、気持ちが切り替わる

とりくみやすい対策だから

自分の気持ちを意識できるようになってきたら、イライラが爆発する前に気持ちを切り替えられるようになりたいところです。その方法としてとりくみやすいのが、「その場を離れる」ことなどの、気晴らしです。

気晴らしをする

子ども本人が、ストレスを感じたときなどに簡単な気晴らしをする

考え方を見直す

精神科医などの専門家とともに、子どもの考え方を見直す

気持ちを切り替える方法

感情を整理する

精神科医などの専門家が子どものネガティブな感情を整理し、調整する

どうやって？

具体的な行動を教える

気晴らしとしてすぐに実践できそうなことを、具体的に教えます。いくつかの選択肢を用意し、そのなかから子どもがとり入れやすいことを、本人に選んでもらうとよいでしょう。

手足や背筋を伸ばす

緊張や不安などの感情は、体を伸ばすことでやわらぐ。ADHDの子の場合、運動をして気持ちを発散するのもよい

他の場所へ行く

まわりの人と衝突してストレスを感じた場合には、その場を離れることで気持ちが切り替わる

落ちこんでつらくなってきたときにも、その場を離れると楽になる。まわりの人にひと言断って席を立つスキルを身につけよう

手を止めて深呼吸

作業がうまくいかずイライラしたときには、手を止めて深呼吸をすると、気持ちがリセットされる

不健全な逃避にならないように

気晴らしのために場を離れるのはよいが、それが「面倒だから課題をさける」という逃避的な行為につながらないように注意したい。あくまで一時的な気分転換にする。

気持ちの切り替え

難しい場合は専門家に相談する

どうして？

感情に意識が向きにくいから

発達障害の子は、自分の感情を把握したり、調整したりするのが苦手です。本人が気持ちの切り替えを意識するのは難しい場合もあるので、そのときは家族だけで対応しようとせず、専門家に相談しましょう。

口論をしていて、自分のストレスにも相手の怒りにも思いがおよばず、つかみ合いのケンカになってしまうことがある

自分の気持ちをもてあます

興奮や怒り、悲しみなどの気持ちをもてあまし、パニックになってしまうことがある

人の気持ちを察するのが苦手

人の気持ちに注意が向きにくい子もいる。友達が怒っていても気づけなかったりする

どうやって？

気持ちを５段階に分けてみる

専門家と相談することで、子ども本人も保護者も、気持ちを理解しやすくなります。たとえば、子どもの気持ちを落胆から興奮までの５段階に分けて考えるというとりくみがあります。このとりくみによって、気持ちの切り替えが身につく子もいます。

気持ちの色	こんな気持ち
赤	大興奮！ 爆発しそう キレそう
オレンジ	調子がいい ワクワク
緑	ちょうどいい ゆったり リラックスしている
水色	元気がない ちょっとしずんでいる モヤモヤ
青	最悪 なにもしたくない どよーん

専門家といっしょに

専門家のサポートを受けながら、子どもの気持ちを５段階に分けて考えてみる。子どもが自分の気持ちを理解できる場合がある

緑の気持ちをめざす

興奮しすぎて「赤」の気持ちのときや、落ちこんで「青」の気持ちのときに、深呼吸などをして「緑」の気持ちになることをめざす子もいる

アレンジしてもよい

色を数字に変える、「赤」を少し興奮／興奮／大興奮の３段階に分けるなど、子どもの希望に合わせて表をアレンジしてもよい

※本書の監修者・藤野博プロデュースの無料アプリ「きもちメーター」が、気持ちのチェックに活用できます。５段階の気持ちを簡素に記録し、あとでその変遷を振り返ることに使えます。Apple の App Store で、無料ダウンロードできます。

column

親が楽になる5カ条「らりるれろ」

ら 楽に生きよう

り 理解しよう

る ルールはほどほどに

れ 連携は、こちらからの歩みより

ろ ロンリネスはよくない

なによりもまず「楽に生きる」

子どもが気持ちを切り替え、つらい思いをためこまないようにすることも大切ですが、親にも同じことがいえます。

親も気持ちを楽にしてください。そのための秘訣として、「らりるれろ」の五カ条を紹介します。

まず、なによりも大切なのが、楽に生きること。あれこれと気にしすぎず、親がまず楽になる。親が悩み苦しみ、子どもに口うるさくするのはさけたいところです。

次は子どもを理解すること。理解すればするほど、その子に必要な支援もみえてきます。

「ロンリネス」に陥らないで

三つ目が、守りやすい、ほどほどのルールを設定すること。家族みんなが守れるルールにしておけば、失敗もトラブルも減ります。

人と連携することも大切です。なにごとも自分から歩みより、丁寧に相談しましょう。そうすることで、親にとってのソーシャルサポートができていきます。

最後がロンリネス、つまり孤独に陥らないこと。人間は承認され、やりがいをもち、仲間に支えられることで、レジリエンスを保てます。親もひとりでがんばろうとせず、人を頼りましょう。

■ 監修者プロフィール

藤野博（ふじの・ひろし）

東京学芸大学教職大学院教授。博士（教育学）。言語聴覚士。臨床発達心理士スーパーバイザー。特別支援教育士スーパーバイザー。東北大学教育学部を卒業。同大学大学院教育学研究科博士前期課程修了（心身障害学）。専門はコミュニケーション障害学、臨床発達心理学。とくに発達障害の子のコミュニケーションやソーシャルスキルにくわしい。主な著書に『自閉症スペクトラム SSTスタートブック』（編著、学苑社）など。

日戸由刈（にっと・ゆかり）

相模女子大学人間社会学部人間心理学科教授。博士（教育学）。公認心理師。臨床心理士。臨床発達心理士。精神保健福祉士。筑波大学大学院修士課程教育研究科修了。横浜市総合リハビリテーションセンターをへて、2018年より現職。発達障害の人の幼児期から成人期へといたるライフサイクル全体への支援をおこなっている。主な著書に『わが子が発達障害と診断されたら』（共著、すばる舎）など。

● 取材協力
萬木はるか（京都市発達障害者支援センター「かがやき」）

● 編集協力
オフィス 201

● カバーデザイン
谷口博俊
〔next door design〕

● 本文デザイン
南雲デザイン

● 本文イラスト
めやお

健康ライブラリー

発達障害《はったつしょうがい》の子《こ》の立《た》ち直《なお》り力《りょく》
「レジリエンス」を育《そだ》てる本《ほん》

2015年 6 月22日　第 1 刷発行
2022年11月28日　第10刷発行

監修　藤野 博（ふじの・ひろし）
　　　日戸 由刈（にっと・ゆかり）

発行者　鈴木章一

発行所　株式会社 講談社
東京都文京区音羽 2 丁目-12-21
郵便番号　112-8001
電話番号　編集　03-5395-3560
　　　　　販売　03-5395-4415
　　　　　業務　03-5395-3615

印刷所　凸版印刷株式会社

製本所　株式会社若林製本工場

N.D.C.493　98p　21cm

ISBN978-4-06-259694-7

■ 参考文献・参考資料

久世浩司著
『親子で育てる折れない心
レジリエンスを鍛える 20 のレッスン』（実業之日本社）

藤野博編著、伴光明／森脇愛子著
『自閉症スペクトラム　SST スタートブック』（学苑社）

藤野博編著、奥田健次／藤本禮子／太田一貴／林琦慧著
『障がいのある子との遊び　サポートブック』（学苑社）

本田秀夫／日戸由刈編著
『アスペルガー症候群のある子どものための新キャリア教育
――小・中学生のいま、家庭と学校でできること』（金子書房）

『月刊　実践障害児教育』2013 年 7 月号（学研教育出版）

KODANSHA

講談社　こころライブラリー／健康ライブラリー　スペシャル

空気を読みすぎる子どもたち

青山学院大学教授・小児精神科医
古荘純一　監修

親の言うことをよく聞く「良い子」ほど危ない！
子どものSOSをキャッチして、自己肯定感を育もう！

ISBN978-4-06-520126-8

発達が気になる赤ちゃんにやってあげたいこと

臨床心理士・臨床発達心理士
黒澤礼子

発達を促すプログラムで、言葉が生まれる、
気持ちのコントロールができる、人とかかわる力が育つ！

ISBN978-4-06-259865-1

発達障害の親子ケア
親子どちらも発達障害だと思ったときに読む本

どんぐり発達クリニック院長
宮尾益知　監修

家族関係の悪化は子どもだけでなく親も発達障害だったから!?
「親子ケア」で家族関係が安定すれば親も子も楽になる！

ISBN978-4-06-259691-6

発達障害の子どもの実行機能を伸ばす本

NPO法人えじそんくらぶ代表
高山恵子　監修

子どもの自立を考えるなら、まず実行機能を理解し
伸ばしましょう。サポートのコツは「相性」です。

ISBN978-4-06-523128-9

講談社　健康ライブラリー　イラスト版

知的障害／発達障害のある子の育て方

徳田克己　水野智美　監修

障害のとらえ方から家庭でのかかわり方まで、
子どもの育ちを促すためのヒントが満載！

ISBN978-4-06-519309-9

自閉症スペクトラムがよくわかる本

信州大学医学部子どものこころの発達医学教室教授
本田秀夫　監修

原因・特徴から受診の仕方、育児のコツまで、
基礎知識と対応法が手にとるようにわかる！

ISBN978-4-06-259793-7

支援・指導のむずかしい子を支える魔法の言葉

特別支援教育ネット代表
小栗正幸　監修

話が通じない、聞く耳をもたない子の心に響く対話術。
暴言・暴力、いじめ、不登校……困った場面も乗り切れる！

ISBN978-4-06-259819-4

LDの子の読み書き支援がわかる本

尚絅学院大学総合人間科学系教授
小池敏英　監修

ひらがな・カタカナ・漢字・文章……苦手はなに？
悩みにあわせて選べる12種類の支援法を紹介。

ISBN978-4-06-259807-1